千葉 房総

すてきな思い出
作りましょ♪

早春に花いっぱいになる白間津お花畑(P58)

花畑や絶景をのんびりめぐる
スロートリップ

思い立ったらすぐに行ける
自然あふれる癒やしの千葉房総へ

タイトル左：くい処魚忠(P30)の海鮮丼／右：道の駅とみうら 枇杷倶楽部(P109)の名物びわパフェ
下段左から：大小375枚もの田んぼが並ぶ大山千枚田(P/4)
海外のような風景が広がるふなばしアンデルセン公園(P98)／鋸山(P26)の「地獄のぞき」で度胸試し

CMや映画のロケにも使われる岡本桟橋(原岡桟橋)(P74)

鴨川館(P103)の温泉とプールが融合した新感覚の「温泉ぷーろ HARUKA」

左：Sghr スガハラ ファクトリーショップ (P53)でおみやげ探し／下：海を眺めながら食事を楽しめる edén (P72)のRestaurant

桟橋やテラスで、
海を見ながらリトリート

鮨 治ろうや(P95)で地魚握り。港町で食べる新鮮な海鮮は格別

ひふみ養蜂園(P71)で買える希少な国産ラベンダー蜂蜜

菜の花畑を走るメルヘンチックないすみ鉄道(P42)

UMI to YAMA
(P60)でSUP体験

鴨川シーワールド（P64）でシャチのぬいぐるみをゲット

鴨川シーワールド（P64）のイルカパフォーマンス

アクティビティや動物たちと、
ここだけのステキ体験

夏に見ごろを迎えるマザー牧場（P18）の「桃色吐息」

館山いちご狩りセンター（P67）のイチゴ狩り

マザー牧場（P18）で動物たちに癒やされよう

マザー牧場グランピングTHE FARM（P21）でアルパカとふれあう

小江戸佐原は舟めぐり(P84)でゆっくり観光を

飯沼山 圓福寺(P92)のユニークなきつねみくじ

Sghr スガハラファクトリーショップ(P53)で美しいプレートをゲット

さばきたてのウナギを炭火で焼き上げる駿河屋(P83)のうな重

並木仲之助商店(P88)のフォルムがかわいい張り子

風情ある町や日本屈指の名刹を
のんびりとおさんぽ

赤白の缶が可愛い御菓子司 虎屋(P110)の小江戸サブレ

成田山新勝寺(P80)の豪華絢爛な三重塔

佐原商家町ホテル NIPPONIA(P106)で憧れの古民家ステイを

千葉ってどんなところ?

温暖な気候と豊かな自然
みどころは盛りだくさん

沖合を流れる黒潮の影響で、冬は暖かく夏は比較的涼しい。そのため、花摘みやフルーツ狩りなどを1年を通して楽しむことができる。自然を生かしたテーマパークでは、動物とのふれあい体験が人気だ。里山をめぐる観光列車や、海のアクティビティなど、さまざまな魅力に満ちている。

南房総では冬に花摘みの旬を
迎える(☞P58)

東京ドイツ村のイルミネーション(☞P24)

おすすめシーズン

季節ごとにお楽しみあり
テーマに沿った行き先選びを

早春の南房総では、花摘みやイチゴ狩りを楽しめる。GWから初夏にかけては内房の潮干狩りが、夏には海水浴をはじめ海のレジャーが外せない。秋には県内全域で紅葉が見られ、なかでも養老渓谷は関東一遅い紅葉の地として知られる。冬は東京ドイツ村のイルミネーションが見逃せない。

千葉・房総へ旅する前に
知っておきたいこと

海や里山など、豊かな自然に恵まれた千葉県は、レジャー施設や鉄道旅、歴史さんぽなどお楽しみがいっぱい。プランニングの前に、どんな場所なのか予習しておきましょう。

どうやって行くの？

回るのに便利なのはクルマ
成田方面なら電車もあり

みどころは鉄道駅から離れた場所にあることが多いので、車での移動が便利。鉄道を利用しやすいのは、ベイエリア周辺や成田あたりまで。そのほかのエリアは鉄道が通っていても本数が少ない場合が多い。最近では主要駅でのレンタサイクルが充実しているので、鉄道＋レンタサイクルもあり。

房総の里山を走るローカル列車の旅も魅力
（☞P40）

観光にどれくらいかかる？

全エリア日帰り可能
南房総や鴨川に行くなら1泊したい

房総半島の海岸線の長さは約364kmもあり、東京から仙台までの距離とほぼ同じ長さ。面積も東京都の2倍ほどあるので、日帰りならエリアを絞りたい。成田や佐原、富津あたりは日帰りでも十分に楽しめる。南房総方面や鴨川、勝浦あたりまで足を延ばすなら1泊はほしいところ。

人気の鴨川シーワールド
（☞P64）へは泊まりがけで行きたい

おすすめグルメは？

外せないのが新鮮な海の幸
野菜やフルーツもおいしい

海に囲まれているため、漁港で水揚げされる新鮮な魚介類が豊富。ランチで食べられる店も多いのでチェックしておこう。温暖な気候を生かして栽培される野菜や山菜、キノコ類などもおいしい。最近ではジビエ料理に取り組む店もある。季節ごとのフルーツ狩りもプランに組み込みたい。

魚市場が経営する海鮮食堂KUTTAの海鮮丼
（☞P28）

千葉・房総って
こんなところ

広い面積をもち、エリアごとに
魅力あふれる千葉・房総。
エリアを絞って効率よく観光しましょう。

大きく分けると
4つのエリア

東京湾アクアラインで最初に到達するのは
木更津・富津。自然に包まれたテーマパーク
が点在するほか、海の幸グルメの店も多い。
大多喜・いすみは、千葉の東部から中央部に
ある風光明媚なエリア。田園風景を走るロー
カル鉄道沿線に、自然派ダイニングやベーカ
リーなどのグルメスポットが点在する。南部
の南房総・勝浦は、変化に富んだ海岸線と
里山風景のコントラストが美しい。マリンアク
ティビティや海鮮グルメなど旅の要素も豊富
だ。北部の成田・銚子は、都心からアクセス
しやすいところ。成田周辺では歴史遺産巡り
を、銚子ではローカル鉄道やドライブの旅を。

観光の前に情報集め

アクセス情報や宿、花の開花情報、イベント
など、事前に知りたいことがあれば各地の観
光協会に問い合わせてみよう。また、主要駅
にある観光案内所も旅行者の強い味方。周
辺のパンフレット類が揃うほか、地元の人し
か知らない情報を教えてくれるかも。駅に着
いたらまずは訪ねてみよう。
千葉県公式観光物産サイト「まるごと
e!ちば」では、観る・グルメ・おみやげ・
イベントなど、千葉の多彩な魅力を発
信している。おでかけ前にチェックし
ておこう。
https://maruchiba.jp/

きさらづ・ふっつ
木更津・富津 ①
・・・P14

マザー牧場や東京ドイツ村など、動物との
ふれあいスポットが点在。迫力満点の鋸山
や、幻想的な風景が話題の濃溝の滝・亀
岩の洞窟など、自然美も満喫できる。

▶マザー牧場でヒツ
ジたちとふれあおう

▲鋸山の地獄の
ぞきで度胸試し
を ▶SNSで話
題になった濃溝
の滝・亀岩の洞
窟

みなみぼうそう・かつうら
南房総・勝浦 ③
・・・P55

温暖な気候に恵まれ、花
摘みドライブやフルーツ狩
り、海遊びなど季節の遊び
を楽しめる。鴨川シーワー
ルドでは海の動物とのふ
れあいも。海鮮丼など地元
グルメも豊富。

▲冬でも暖かいため花の名所と
いわれる

▼内房の海でSUP体験を

▶鴨川シーワー
ルドのシャチパフ
オーマンス

▶お腹が空いたらプリ
プリの海鮮丼を

▶毎年1000万人以上が訪れるという成田山新勝寺

◀レトロタウン佐原で和小物もチェック

なりた・さわら・ちょうし
成田・佐原・銚子 ❹
···P77

成田山新勝寺や江戸時代の面影を残す佐原、香取神宮など、歴史スポットが点在。銚子は関東最東端の灯台やローカル列車など。のんびりドライブもおすすめ。

▲銚子の一山いけすでキンメダイを堪能

▶小江戸さわら舟めぐりで歴史の町を散策

▶五井駅から大原駅まで、小湊鉄道といすみ鉄道で房総半島を横断できる

▶養老渓谷にある粟又の滝は房総最大級

▼ハーブの香りに包まれる大多喜ハーブガーデン

▲いすみには人気のベーカリーや焼菓子店が点在

おおたき・いすみ
大多喜・いすみ ❷
···P37

房総最大級の名瀑がある養老渓谷や、里山を走るいすみ鉄道など豊かな自然が魅力。里山ごはんや人気ベーカリーといった、グルメスポットも充実。

4 成田・佐原・銚子

1 木更津・富津

2 大多喜・いすみ

3 南房総・勝浦

1泊2日で
とっておきのドライブ旅

東京湾アクアラインを渡って南房総へ。
人気の動物ふれあいスポットをはじめ、
絶景スポットやご当地グルメもお楽しみです。

1日目

出発ー!

8:30 海ほたるPA

千葉に入る前に海ほたる(☞P36)でひと休み。東京湾を眺めながらテイクアウトグルメをつまみぐい

9:30 マザー牧場

広々としたマザー牧場(☞P18)で動物とのふれあいタイム。爽やかな高原の空気が気持ちいい

12:30 木更津でランチ

ランチは新鮮な魚介類を。海鮮食堂KUTTA(☞P28)で海鮮丼を満喫

標高329m！ドキドキ！

14:00 鋸山

ロープウェイで鋸山(☞P26)の山頂へ。絶景の地獄のぞきで度胸試し

17:00 原岡海岸

岡本桟橋(原岡桟橋)(☞P74)はレトロな木製の桟橋。夕焼けの富士山が見られるかも

おやすみなさい

この日は館山周辺で宿泊。たてやま温泉 千里の風(☞P102)の絶景露天風呂で身体を休めよう

2日目

フラワーラインを通って野島埼灯台(☞P74)へ。遠く見える水平線が感動的

10:00 鴨川シーワールド

海の動物とふれあえる鴨川シーワールド(☞P64)へ。シャチパフォーマンスは圧巻

13:00 鴨川でランチ

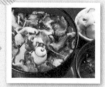

鴨川の名物グルメ「おらが丼」。川京(☞P69)のおらが丼はサザエがたっぷり

14:30 みんなみの里

無印良品プロデュースの里のMUJI みんなみの里(☞P74)に立ち寄り、カフェでひと休み

絶景ポイント♪

15:30 大山千枚田

少し寄り道して大山千枚田(☞P74)へ。のどかな田園風景に癒やされます

16:00 道の駅保田小学校

高速に乗る前に道の駅保田小学校(☞P108)へ。房総みやげをお買い物

9:30 成田山表参道

成田山新勝寺へと続く約800mの表参道(☞P82)をのんびり歩いて進む

おいしい♪

参道グルメも魅力。金時の甘太郎焼(☞P82)で甘太郎焼を買って食べ歩き

10:00 成田山新勝寺

見事な総門を抜け境内へ。大本堂、釈迦堂など隅々までおまいり(☞P80)

成田山新勝寺に5つある重要文化財もすべてしっかり見学を

12:00 佐原でランチ

古民家を改装した素敵な空間ちょっぴり贅沢なランチをいただきます(☞P86)

野菜も新鮮！

手打ち蕎麦 香蕎庵(☞P87)は元フレンチシェフが手がける料理とそばのコースが人気

13:30 佐原観光

ランチの後は小野川から歴史ある街並みを眺める小江戸さわら舟めぐり(☞P84)

伊能忠敬記念館(☞P85)に立ち寄って、佐原ゆかりの名士の功績をお勉強

江戸時代から続く商家が並ぶレトロな街並みでお気に入りの和雑貨探し

カラフル〜

中村屋商店(☞P89)では和紙と布を貼ったキュートな房州うちわを発見

15:30 カフェでひと休み

珈琲 遅歩庵いのう(☞P85)では江戸時代の器でおしるこをいただける

ホッとする味わい

最後は佐原の老舗和菓子店、御菓子司 虎屋(☞P111)で和菓子を買って帰りましょう

成田&佐原で
とっておきの
日帰り旅

公共交通機関を利用して、成田と佐原へ日帰り旅。
成田山新勝寺におまいりして、参道グルメを楽しんだら、
佐原で舟めぐりやショッピングを満喫しましょう。

ココミル✿
cocomiru

千葉 房総

C o n t e n t s

●表紙写真
マザー牧場（P18）のヒツジ、道の駅とみうら 枇
杷倶楽部（P109）のびわパフェ、岡本桟橋
（P74）、Sghr スガハラ（P52）の一輪挿し、春
の小湊鉄道（P40）、宝家（P29）の特製海鮮丼、
東京ドイツ村（P24）のマリーゴールド、WILD
BEACH SEASIDE GRAMPING PARK
（P105）、濃溝の滝・亀岩の洞窟（P32）、鴨川
シーワールド（P64）のイルカパフォーマンス

〈マーク〉
- 観光みどころ・寺社
- プレイスポット
- レストラン・食事処
- 居酒屋・BAR
- カフェ・喫茶
- みやげ店・ショップ
- 宿泊施設

〈DATAマーク〉
- 電話番号
- 住所
- 料金
- 開館・営業時間
- 休み
- 交通
- 駐車場
- 室数
- MAP 地図位置

動物たちとふれあえるマザー牧場

話題のKURKKU FIELDSが進化中！

春夏秋冬楽しめる東京ドイツ村

アジフライなど内房の魚介類を堪能

ランチにはプリプリの海鮮丼を

写真映えする濃溝の滝・亀岩の洞窟

市原ぞうの国でゾウさんと遊ぶ

房総の中心にある景勝地、亀山湖

野山九十九谷展望公園の雲海

動物とのふれあいから絶景、グルメまで 木更津・富津へ出かけましょう。

東京湾アクアラインを渡ってすぐ。
房総半島の玄関口となる木更津と港町の富津。
自然豊かな土地には魅力的なスポットが点在しています。
ランチには内房の新鮮魚介をお忘れなく。

迫力満点の鋸山「地獄のぞき」

これしよう！

動物たちに癒やされる

マザー牧場（☞P18）などで、動物たちとのふれあい体験を。

これしよう！

ダイナミックな風景に感動

地獄のぞきでおなじみの鋸山（☞P26）。展望台からの絶景は見逃せない！

これしよう！

とれたての海鮮ランチ

木更津から富津にかけては、海鮮が自慢の店が多い。（☞P28、30）

雄大な自然や動物とのふれあいを満喫

木更津・富津
きさらづ・ふっつ

こんなところ

東京湾アクアラインを渡ってすぐにある房総の玄関口。迫力満点の鋸山をはじめ、なだらかな丘陵が織りなすダイナミックな風景を楽しめる。マザー牧場や、東京ドイツ村といった動物とふれあえる施設も充実している。海岸部には、内房の新鮮な海の幸を出す店も多い。

access

【鉄道】JR東京駅から木更津駅まで総武・内房線快速で約1時間30分
【クルマ】東京湾アクアライン川﨑浮島JCT・ICから木更津金田ICまで15km

問合せ
☎0438-22-7711
木更津市観光案内所
☎0436-26-0066
市原市観光案内所
☎0438-62-3436
袖ケ浦市観光協会
☎0439-56-2115
君津市観光協会
☎0439-80-1291
富津市役所商工観光課

～木更津・富津周辺 はやわかりMAP～

海ほたるPA
東京湾アクアラインの中ほどにあるPA。グルメやみやげが充実。房総の行き帰りにぜひ寄りたい。

東京湾アクアライン
16
長浦
内房線
木更津金田IC
袖ケ浦
姉崎袖ケ浦IC
木更津金田IC
袖ケ浦IC
巖根
袖ケ浦IC
3 東京ドイツ村
297
N
0　　　　5km
小湊鉄道
東京湾アクアライン連絡道
祇園 上総清川 東清川
東横田
409
市原鶴舞IC
木更津
木更津港
410
木更津
409
横田
木更津JCT
高滝湖PA
木更津南IC
木更津北IC
馬来田
アニマルワンダーリゾート
木更津南JCT
下郡
首都圏中央連絡自動車道
高滝湖
16
君津
青堀
君津
小櫃
俵田
濃溝の滝・亀岩の洞窟
洞窟に差し込む光がハート形に見えると話題になった。※一部立入禁止
君津IC
2 KURKKU FIELDS
久留里
大貫
127
君津PA
君津PAスマートIC
410
佐貫町
1 マザー牧場
平山
上総松丘
富津中央IC
465
浦賀水道
館山自動車道
上総亀山
養老渓谷
465
上総湊
410
竹岡
浜金谷
富津竹岡IC
濃溝の滝・亀岩の洞窟
観光のヒント
周遊するならドライブが一番
公共交通機関を利用するなら、各施設が運行している送迎バスを効率よく利用するのがおすすめ。
保田
富津金谷IC
4 鋸山
鋸南保田IC
安房勝山
鋸南富山IC

木更津・富津のおすすめスポット

1 マザー牧場
広大な敷地に動物たちが暮らす観光牧場。ショーやイベントのほか、動物たちとのふれあい体験も。

2 KURKKU FIELDS
農業、食、アートを融合したサステナブルな複合施設。芝生の広場やレストラン、ショップ、アート作品が点在。

3 東京ドイツ村
季節の花畑や動物園、遊園地などのほか、各種体験メニューも。冬のイルミネーションも見逃せない。

4 鋸山
乾坤山日本寺の境内にある「地獄のぞき」で有名。空中にせり出した絶景の展望台に立ってみよう。

動物たちが暮らす高原の牧場 マザー牧場で癒やされましょう

1日中楽しめる♪

マザー牧場は、東京湾を見渡す山の上にある観光牧場。ふれあい体験や牧場グルメなど、お楽しみが満載です。

開放感いっぱいの山の上エリア

楽しむ keyword ①
花畑
季節ごとに表情を変える大スケールな花畑は、映え写真スポットとしても大人気。

楽しむ keyword ②
ショー・イベント
場内ではさまざまなショーやイベントを毎日開催。事前にスケジュールを確認しておき、計画的に回ろう。

楽しむ keyword ③
ふれあい体験
ヒツジやウサギ、ウマ、マーラなど、いろいろな動物と実際にふれあえる。キュートな姿に癒やされよう。

まざーぼくじょう
マザー牧場

爽やかな風が吹く高原で牧場の1日を満喫

東京タワー（株式会社TOKYO TOWER）などの創業者でもある前田久吉氏により、昭和37年（1962）に開場。約250haの広い敷地に、ヒツジやウシ、アルパカなど16種の動物たちがのびのびと暮らしている。体験プログラムや季節のお楽しみ、牧場グルメ＆みやげも大充実。

☎0439-37-3211 🏠富津市田倉940-3 ¥入場1500円（2年間パスポートなどもあり）⏰9時30分～16時30分（土・日曜、祝日は9～17時）※季節により変動あり 休12、1月に不定休あり P3270台（1日1000円）MAP P119B1

マザー牧場までのアクセス

●バス
JR君津駅南口から：日東交通バスマザー牧場行きで40分、終点下車すぐ
JR佐貫町駅から：日東交通バス鹿野山線で20分、マザー牧場下車すぐ
期間、曜日限定で東京湾フェリー金谷港からの直通バスも運行

●クルマ
館山自動車道君津PAスマートIC（ETC専用）から約8km、木更津ICから約15km、君津ICから約14km

牧場周遊バス

わんわんバス（写真左・中央）
「まきばのひろば～イースト農園～ウエスト農園～みどりのひろば・アグロドーム」を往復。片道15分。
¥始発駅から400円、途中駅から200円

とんとんバス（写真右）
「わくわくランド～まきばひろば」を往復。片道3分で随時運行。景色も一緒に楽しめる。
¥上り200円、下り100円

四季を彩る花畑&味覚狩りを満喫しましょう

いちご狩り A
1月中旬～5月下旬

季節の味覚狩りは手ぶらでOK。気軽に体験できる(有料)

菜の花 B
2月中旬～4月上旬

山の斜面を黄色に埋め尽くす菜の花畑は圧巻のひと言

ネモフィラ B
4月中旬～5月上旬

一面に咲き誇る水色の花。まるで水色の絨毯のよう

桃色吐息 B
7月上旬～9月下旬

ペチュニアを品種改良した「桃色吐息」がピンク色に染める

マザー牧場に着いたら…

… ゲートは2つ …
場内は、まきばエリアと山の上エリアに分かれており、それぞれにゲートがある。その日のプランによってどちらのゲートから入場するかを決めておこう。

… イベント・ショーの時間をチェック …
場内マップに記されているタイムスケジュールで、計画を立てよう。混雑具合にもよるが、いい場所を確保するなら早めに会場に到着しておきたい。

… 禁止事項をチェック …
事故防止のため、2輪車や3輪車、キックボード、スケートボード等の持ち込み・走行は禁止だ。花火の使用、ドローンの持ち込みも禁止だ。ペットはOK(犬のみ)だが、巻き取り式リードは禁止なので注意。

上手にめぐる1dayコース

1日でマザー牧場を遊びつくすおすすめプラン。ショーやイベントの時間は季節によって変動があるので、事前にチェックしておきましょう。

START

10:00 乳牛の手しぼり体験 C
まきばゲートが近い

▶ 徒歩約5分

10:30 かわいい動物たちにタッチ D

▶ 徒歩約1分

11:00 こぶたのレース E
レース参加者は抽選で決定。投票マスコットはひとつ500円

▶ 徒歩約5分

11:20 季節の花を観賞 B

▶ 山の上エリアへ徒歩約10分
ランチは山の上エリアのカフェ&ジンギスカン FARM DINER F などで

12:30 ひつじの大行進 G

▶ 徒歩約5分

13:30 アグロドームショー「牧羊犬とまきばの仲間たち」L

▶ アグロドーム内

14:00 シープショー L

▶ まきばエリアへ徒歩約10分

15:00 うさモルタッチ J

▶ 売店でおみやげ探しを

GOAL

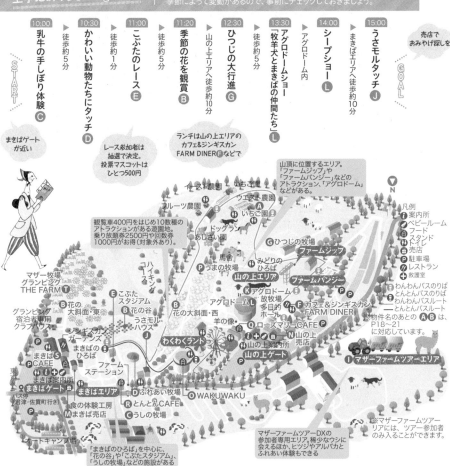

山頂に位置するエリア。「ファームジップ」や「ファームバンジー」などのアトラクション、「アグロドーム」などがある。

観覧車400円をはじめ10数種のアトラクションがある遊園地。乗り放題券2500円や回数券1000円がお得(対象外あり)。

フルーツ農園
ウエスト農園
いちご園
いちご園
ドッグラン
あじさい園
馬舎
うまの牧場
みどりのひろば
ひつじの牧場
ファームジップ
ファームバンジー
ハイキングコース
マザー牧場グランピング THE FARM T
グランピング宿泊者専用クラブハウス
こぶたスタジアム E
花の大斜面・東
花の谷 B
うさモルハウス
ジンギスカンガーデンズ
まきばのひろば
花の大斜面・西
羊の像
ローズマリーCAFE
アグロドーム L
放牧場
多目的ホール
カフェ&ジンギスカン FARM DINER
山の上売店
山の上案内所
山の上ゲート
わくわくランド
ファームステーション
まきば CAFE
まきば案内所
まきばゲート
食の体験工房
まきばエリア
ふれあい牧場 D
とんとんCAFE
まきば売店 M
うしの牧場
WAKUWAKU O
バス停 君津・佐貫町行き
オートキャンプ場
マザーファームツアーエリア I

アグロドーム L

凡例
i 案内所
ベビールーム
フードスタンド
トイレ
売店
駐車場 P
レストラン
救護室

わんわんバスのりば
とんとんバスのりば
わんわんバスルート
とんとんバスルート
※物件名のあとの A B は、P18～21に対応しています。

「まきばのひろば」を中心に、「花の谷」や「こぶたスタジアム」、「うしの牧場」などの施設がある

マザーファームツアーDXの参加者専用エリア。稀少なウシに会えるほか、ヒツジやアルパカとふれあい体験もできる

※マザーファームツアーエリアには、ツアー参加者のみ入ることができます。

広大なマザー牧場を効率よく巡る4つの楽しみ方

いろいろな魅力が凝縮したマザー牧場。
時間がない人は4つのアクティビティを軸にプランを練るのがおすすめです。

▼約200頭のヒツジが登場する大迫力のひつじの大行進（7・8月は休み）（MAP☞P19 **G** ひつじの牧場）

楽しみ方 **1** ショーを楽しむ

「ひつじの大行進」や「アヒルの大行進」など、動物が主役のショーは毎日開催。タイムスケジュールを入手して計画的に回ろう。

▲ヒツジを誘導する牧羊犬の仕事姿に注目

シープショー（MAP☞P19 **L** アグロドーム）では、ユニークなヒツジたちや毛刈りを見られる

▲「牧羊犬とまきばの仲間たち」（MAP☞P19 **L** アグロドーム）。ヒツジのほか、アルパカやロバなども登場する。

楽しみ方 **2** 体験で楽しむ

乳牛の手しぼり体験（MAP☞P19 **C**）や乗馬体験（MAP☞P19 **P**）など、動物たちのぬくもりを感じる牧場ならではの体験を。

▲乳牛の手しぼりは忘れられない思い出に

楽しみ方 **3** ふれあいで楽しむ

ふれあい牧場（MAP☞P19 **D**）ではヒツジのほか、マーラやリクガメともふれあえる。ヤギエリアやうまの牧場、ひつじの牧場ではエサやり体験も。

▲ふわふわのマーラにタッチ

楽しみ方 **4** ツアーで楽しむ

広大な専用エリアをトラクタートレインで巡る「マザーファームツアーDX」。まきばゲート近くのファームステーションで予約が必要。（別料金。受付先着順）（MAP☞P19 **I**）

▲ここでしか会えない珍しいウシも

ほかにも！ **こんな動物たちに会えます♡**

ヤギ

ウシ

アヒル

ウマ

リクガメ

ウサギ

牧場グルメでランチ&ひと休み

▶かわいらしいウシがモチーフのモ〜カレー 1250円

《 ここで食べよう 》

カフェ&ジンギスカン FARM DINER
MAP ☞P19 **F**
🕐カフェエリア11時〜15時30分LO（土・日曜、祝日は〜16時LO）、ジンギスカンエリア11〜15時LO（土・日曜祝日は〜15時30分LO）

▲名物のジンギスカン。牛ラムダブルセット（2〜3人前）3680円など

《 ソフトはここで！ 》

▶牧場スイーツもチェック！キャラメルナッツソフト450円

まきばCAFE
MAP ☞P19 **S**

WAKUWAKU
MAP ☞P19 **O**

とんとんCAFE
MAP ☞P19 **R**

ローズマリーCAFE
MAP ☞P19 **T**

🕐9時30分〜16時30分（土・日曜祝日は9〜17時。営業状況などにより変更の場合あり）

牧場ならではのキュートなおみやげを

▶オリジナルキャラクター「マーモママ」のぬいぐるみ 1840円

▼花やフルーツが描かれたマグカップ 1250円

▶マザー牧場牛乳を使った人気のマザー牧場牛乳サブレ（8枚入り）730円

◀濃厚なのにスッキリした喉ごしの飲むヨーグルト（大）680円

《 ここで買えます 》

まきば売店
MAP ☞P19 **M**

山の上売店
MAP ☞P19 **N**

🕐マザー牧場開園1時間後〜閉園まで

グランピングで牧場の夜を満喫

場内の「マザー牧場グランピング THE FARM」では、11種類から選べるテントやコテージで牧場の夜を満喫できる。夕食は手造りソーセージなどを使ったこだわりのBBQを。滞在中はマザー牧場 入場料・駐車料が無料になるほかバター作り体験など宿泊者限定のアクティビティもある。（**MAP** ☞P19 **T**）

❶宿泊者限定アクティビティとしてアルパカとのふれあいも楽しめる ❷2023年にドームテントビスタが新登場
※料金、時間は時間・テラスの種類により異なる

÷1棟料金（2名）÷
36,000円〜
（定員4名）
÷時間÷
IN14時 OUT10時

持続可能な社会を目指す農園
話題のKURKKU FIELDSへ

広々とした敷地に農業や食、アートが融合した複合施設。
サステナビリティを感じながら、心地よい1日を過ごしましょう。

東京から90分の自然豊かな農園で
サステナブルな休日を満喫

東京ドーム約5個分の敷地にさまざまな施設が集まる

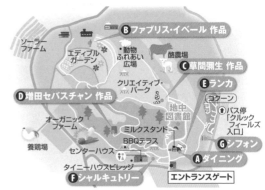

1 場内には計2.4MWのソーラーパネルが設置されている
2 エディブルガーデンではオーガニック野菜を栽培

くるっく ふぃーるず
KURKKU FIELDS

広大な敷地にオーガニックファームや酪農場、レストラン、ショップ、宿泊施設などがある複合施設。豊かな自然環境のなかにはアート作品が置かれ、オーガニック野菜を育てる畑や太陽光発電パネル、生ゴミなどを堆肥に変えるコンポストなど、環境に配慮し自然との共生を目指す仕組みづくりを行っている。プレイパークや宿泊施設などもあり、自然やサステナビリティを感じながら、1日たっぷり過ごすことができる。

☎0438-53-8776 🏠木更津市矢那2503 💴入場800円(メンバーは入場無料。保全料300円別途) 🕙10～17時(施設により異なる) 🈺火・水曜(祝日の場合は営業) 🚃JR木更津駅から車で25分 🅿350台
(MAP)P118C3

B ファブリス・イベール 作品

ソーラーファーム
エディブルガーデン
動物ふれあい広場
酪農場

C 草間彌生 作品

クリエイティブ・パーク

E ランカ

コクーン

D 増田セバスチャン 作品

地中図書館

バス停「クルックフィールズ入口」

オーガニックファーム
ミルクスタンド
BBQテラス
センターハウス
養鶏場

G シフォン

A ダイニング

タイニーハウスビレッジ

F シャルキュトリー

エントランスゲート

ダイニング

敷地内で採れた新鮮な野菜やハーブ、平飼いの鶏の卵、フレッシュチーズなどを使ったメニューを味わえる。薪窯で焼き上げるピザもおすすめ。
ダイニング Ⓐ ☎0438-53-8361 ⏰11〜17時

まるで洞窟！地中図書館が2023年に新登場

自然や農的な暮らしに関するものや、科学、経済などの選書が並ぶ図書館。蔵書の数は3000冊に及ぶ。利用にはメンバーシップの登録と事前予約が必要。

ジビエハンバーグかピザから選べるKURKKU FIELDSランチ 1980円〜（水牛モッツァレラのマルゲリータは＋300円）

木をふんだんに使用した自然と調和した建物

農場でとれた食材を味わえます

アート

敷地内にはアート作品が点在する。自然と調和する作品を鑑賞して感性を磨こう。

ファブリス・イベール『ペシーヌの人』

Ⓑ
©Reborn-Art Festival2017

草間彌生『新たなる空間への道標』

Ⓒ

新たなる空間への道標
(GUIDEPOST TO THE NEW WORLD) 2016 Courtesy of Ota Fine Arts
©Yayoi Kusama

Ⓓ
増田セバスチャン『ぽっかりあいた穴の秘密』2019-2020

牧場グルメ

園内では、農場でとれる新鮮な素材を使った牧場グルメを楽しめる。味はもちろん、環境や健康にも配慮した逸品を満喫しよう。

職人が焼くベーカリー

農場でとれる小麦などを使ったパンが並ぶ。バゲット330円など。
ランカ Ⓔ
☎0438-53-7781
⏰10〜17時

イノシシやブタ、シカなどの肉を使ったハムやソーセージを販売。
シャルキュトリー Ⓕ
☎0438-53-7029
⏰10〜17時
自家製甘味噌ダレをからめた猪バーガー 1026円

自家製ハムとソーセージ

シフォンケーキ専門店

季節のシフォンサンド 400円

農場から運ばれる新鮮な卵とミルクを使ったシフォンケーキを販売。
シフォン Ⓖ
☎0438-53-8776（代表）
⏰10〜17時

📖 バスターミナル東京八重洲からバス「アクシー号（東京−鴨川線）」に乗れば、約80分で停留所「クルックフィールズ入口」に到着します。

東京ドイツ村で季節の花畑と
イルミネーションを満喫

東京ドイツ村は、季節のお楽しみがいっぱい。
日本夜景遺産に選出された冬のイルミネーションも必見です。

▲無数の輝きに包み込まれる光のトンネル。幻想的で夢のようなひとときを

とうきょうどいつむら
東京ドイツ村

広い園内にお楽しみが満載

一周3kmもある広大な園内に、レジャー施設や収穫畑、ショップ、ドイツ料理レストラン、BBQ会場などがある。園内に点在する四季折々の花に彩られた花畑や、日本夜景遺産にも選出された、イルミネーションも見逃せない。園内は自家用車でまわることができる。

▶冬の風物詩、イルミネーションは10月下旬から3月中旬ごろまで。毎年さまざまなテーマが設けられ、違った光景を楽しめる。

☎0438-60-5511 ㊟袖ケ浦市永吉419 ¥入園800円、4歳〜小学生は400円 ⏰9時30分〜17時（最終入園は16時）※イルミネーション開催期間は〜20時（最終入園は19時30分）㊡無休※季節・天候、点検による料金・営業時間の変更・臨時休園あり 🚋JR袖ケ浦駅から車で30分 🅿3000台 MAP折込裏・B6

**季節の収穫体験も
お楽しみ**

季節の味覚を楽しめる収穫体験（300円〜）も大人気（当日受付）。10月下旬〜11月下旬のみかん狩りをはじめ、初夏のジャガイモ掘りや秋のサツマイモ掘り、落花生掘りなど。季節を問わず楽しめるのも東京ドイツ村の魅力です。

1 春に見ごろを迎えるポピー。芝桜やネモフィラも　**2** ヒマワリ（サンフィニティ）は7月下旬〜8月下旬ごろまで　**3** 秋のマリーゴールド。秋バラやケイトウも
4 冬の菜の花は12月下旬〜2月中旬ごろまで

グルメ＆おみやげも

◀シャレがきいたホットドッグ600円は土・日曜、祝日のみの提供

▲ジャーマンスペシャル3000円。レストラン・カフェテリアでは、ソーセージなどを盛り込んださまざまな料理を提供

▶おみやげの定番、オリジナルバウムクーヘン820円

▲ドイツビールは500ml各810円

📖 ヤギやヒツジなどとふれあえるこども動物園も人気。エサやりやミニブタの散歩を楽しめます。

木更津近郊 ● 東京ドイツ村でイルミネーションと花畑を満喫

スリル満点の地獄のぞき
鋸山絶景ハイキング

「地獄のぞき」で有名な鋸山は関東有数の絶景スポット。
斜面一帯に広がる乾坤山日本寺の境内散策もお楽しみのひとつです。

名物の「地獄のぞき」で度胸試し

鋸南町

けんこんざんにほんじ

乾坤山日本寺

行基菩薩によって開かれた
関東最古の勅願所

神亀2年 (725) に開かれた勅願所 (天皇により国家鎮護などを祈願した神社・寺院)。鋸山の南側斜面一帯に10万坪ほどの境内をもつ。「地獄のぞき」ほか、2600段以上の石段で結ばれた歩道沿いの石仏、高さ31mの磨崖大仏などがみどころ。

☎0470-55-1103 住鋸南町元名184-4 ¥拝観700円 ⏰9〜16時 休無休 🚃ロープウェー山頂駅から西口管理所まで徒歩5分 P50台(東口駐車場) MAP折込表・鋸山B2

上:日本一の磨崖大仏。右手には休憩所がある。下:広場には小さいお地蔵さんが無数に奉納されているお願い地蔵尊もある

おすすめの
アクセス

鋸山ロープウェー ●のこぎりやまろーぷうぇー

山麓から山頂まで、全長680mを約4分で結ぶ。高度が上がるにつれて視界が開ける爽快感が魅力。天気のいい日は、東京湾から三浦半島までを一望できる。

☎0439-69-2314 住富津市金谷4052-1 (山麓駅) ¥片道650円、往復1200円 ⏰9〜17時 (11月16日〜2月15日は〜16時) 休荒天時運休.メンテナンス休業あり、HPで要確認 🚃JR浜金谷駅から山麓駅まで徒歩10分 P200台 MAP折込表・鋸山A2

① 鋸山ロープウェー山頂駅
のこぎりやまろーぷうぇーさんちょうえき
お手軽絶景スポット

山頂駅の屋上が絶景の展望台になっている。名物の「地獄アイス」などを販売。

▲金谷と対岸の横須賀を結ぶフェリーが見えることも

② 十州一覧台
じゅっしゅういちらんだい
十の国を一望する絶景スポット

常陸国（現在の茨城県）から駿河国（現在の静岡県）まで、十の国を一望できたため、この名が付いたとされる。

◀西口管理所横の階段を上る。頂上には浅間神社などがある

⑥ 大仏広場
だいぶつひろば
高さ31m！日本有数の大仏様

天明3年（1783）に大野甚五郎英令が3年をかけて彫刻した薬師瑠璃光如来像が原型。高さ31mは奈良東大寺の大仏の約2倍もの高さ。

◀昭和44年（1969）に修復。願いが叶うとされるお願い地蔵尊もある

まるでアニメの世界！
ひと足のばして
石切場跡へ

北口管理所から外に出た場所にある石切場跡には、アニメ映画のような世界が広がっている。房州石の石切場だった場所の跡地で、圧巻の岩壁を数ヶ所見学可能。管理所でチケットを提示すれば再入場できる。

③ 百尺観音
ひゃくしゃくかんのん
岩肌に刻まれた巨大な観音様

石切場跡の垂直の壁に彫られた高さ30mの観音様。6年をかけて、昭和41年（1966）に完成した。交通安全の守り本尊として崇拝されている。

◀下から見上げるとかなりの迫力

▼先端には柵が設けられているが、足場は悪いので注意

④ 地獄のぞき
じごくのぞき
空中にせり出した絶景の展望台

境内の最高地点となる標高329mにある展望台。垂直に切り立った崖の先端にあるので、勇気を出して足を進めよう。順番待ちで混み合うこともしばしば。

◀この羅漢像群を彫った大野甚五郎英令の墓

⑤ 東海千五百羅漢道
とうかいせんごひゃくらかんどう
1500体もの石仏が並ぶ道

江戸時代の名工・大野甚五郎英令が門弟27人と、21年もの歳月をかけて刻んだ1553体の石仏が圧巻。羅漢像はひとつも同じ顔がない。

◀自分に似た顔の像を探すのも楽しい

境内には4つの入口があり、東口管理所、大仏口管理所、西口管理所にはそれぞれ駐車場があります。

内房の海の幸がたっぷり！
自慢の海鮮丼を召し上がれ

海に面した内房エリアでランチといったら海鮮丼でキマリ！
新鮮魚介がたっぷりのった、こだわりの海鮮丼をいただきましょう。

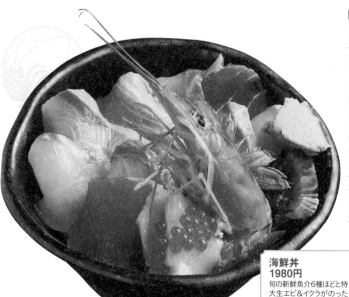

木更津
かいせんしょくどうくった
海鮮食堂KUTTA

**オープンキッチンも素敵♪
おしゃれ海鮮ダイニング**

木更津魚市場直営の海鮮の店。軽快な音楽が流れるおしゃれな店内で、新鮮な魚介類をふんだんに使った料理を楽しめる。人気の海鮮丼は、分厚く切られた8種類のネタがのり、食べごたえも十分。テイクアウトメニューもある。

☎070-2236-1818 🏠木更津市新田3-3-12公設地方卸売市場内 ⏰9時～14時30分LO(土・日曜は8時～) 🈺水曜(祝日の場合は営業) 🚃JR木更津駅から車で6分 🅿40台 MAP P118B2

**海鮮丼
1980円**
旬の新鮮魚介6種ほどと特大生エビ&イクラがのった大人気メニュー。

店内はモダンで開放的な雰囲気

富津
りょうしりょうり かなや
漁師料理 かなや

**豊富なメニューも自慢
海を望む活磯料理店**

テラス席から内房の海を望む活磯料理店。周辺の漁港から直送される魚を生簀に入れ、注文があってからさばくため鮮度はお墨付き。約150種類のメニューのほか、浜焼きもぜひ。

☎0439-69-8101 🏠富津市金谷525-17 ⏰10時～17時30分LO(土・日曜、祝日は～18時30分LO) 🈺無休 🚃JR浜金谷駅から車で5分(無料送迎あり) 🅿230台 MAP P119A2

**海宝丼
3850円**
活黒アワビやカニ、エビ、ホタテなど、旬の魚介をてんこ盛りにした豪華丼

450席を備える広々とした店内

房総産直
特製海鮮丼
2178円（ランチ）
近海の魚やマグロ、カンパチなど10種類がのる目にも華やかな海鮮丼

木更津
たからや
宝家

老舗の味処でいただく
木更津周辺でとれる新鮮魚介

明治30年（1897）創業。メニューには木更津周辺の近海魚を使う料理がずらりと並ぶ。宝家名物あさり御膳2200円やあさりカレーと海老フライ定食1650円（ランチ）などのランチメニューも好評。

☎0438-22-3765 住木更津市中央2-3-4 ◯11時30分〜14時、17時〜20時30分LO（日曜、祝日は11時30分〜14時30分、17〜20時LO）休月曜（祝日の場合は翌日）、臨時休業あり 交JR木更津駅から徒歩5分 P55台 MAP P118B2

店内はモダンで洗練された雰囲気

鋸南
ぎょきょうちょくえいしょくどう ばんや
漁協直営食堂 ばんや

魚介の鮮度は折り紙付き
品数豊富な漁師料理

保田漁港に隣接し、水揚げされたばかりの新鮮な魚介を味わえる。バラエティに富んだ漁師料理が人気で、おすすめは朝獲れ寿司1045円など。天候などにより料理の内容が変わる。

☎0470-55-4844 住鋸南町吉浜99-5 ◯9時30分〜17時LO（土・日曜、祝日は〜18時45分LO。季節により異なる）休無休 交JR保田駅から徒歩15分 P100台 MAP折込表・鋸山B3

活気あふれる広い店内

漁師まかない丼
1430円
ビンチョウマグロの漬けやワラサ、サーモンなどがのるお得な丼

活きアジ海鮮丼
2420円
プリプリの活きアジのほか、ボタンエビやホタテ、イクラがのる

木更津
かいせんちゃや いきいきてい ふじみてん
海鮮茶屋 活き活き亭
富士見店

浜焼きの店でいただく
魚介たっぷりの絶品丼

木更津港近くに立つ海鮮焼きレストラン。テーブルに設置された焼き台で、車エビ2尾1210円やハマグリ、サザエなどの新鮮な魚介を目の前で焼いて食べられる。肉や野菜などのメニューもある。

☎0438-22-5666 住木更津市富士見3-4-43 ◯11〜14時LO（土・日曜、祝日は〜16時LO。変更の場合あり）休無休 交JR木更津駅から徒歩15分 P50台 MAP P118B2

生質をチェックして旬の魚介を楽しもう

特産魚介をいただきます♫
漁師料理グルメ

種類豊富な貝やアナゴ、アジは内房の特産魚介。
旬の味わいを漁師料理やお寿司で召し上がれ。

新鮮な魚介の定食を
リーズナブルに

▲富津みなと公園
MAP P118A3の近くにある人気店 ▶落ち着いたたたずまいの店内。カウンター席や座敷もある

富津
くいどころうおちゅう
くい処魚忠

富津の水産問屋直営の海鮮食堂。刺身や煮付け、天ぷらなど、新鮮な魚介類を使った各種定食や丼などを提供。定食などに付くみそ汁には、特産品でもある大粒のアサリがたっぷりと入っているのもうれしい。佃煮などの一品料理もある。

☎0439-80-4649 🏠富津市新富94-9 🕐11〜17時（夜は予約にて営業）🏠月曜（祝日の場合は営業。臨時休業あり）🚃JR青堀駅から車で8分 🅿15台
MAP P118A3

富津海鮮丼
1650円

アオヤギやニシ貝、アカ貝などの貝類と地魚などの魚がたっぷりと。味噌汁には大粒のアサリが。

お重を覆う特大アナゴ、タレとご飯との相性も抜群

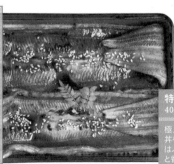

地元でも親しまれているアナゴ料理の名店

特上焼き穴子重
4048円

極上の天然アナゴ2本が丼を覆う。酒蒸しのアナゴはふんわり軟らか。味噌汁と香の物付き

富津
えどまえいそりょうり だいさだ
江戸前磯料理 大定

富津岬近く、アナゴ料理に定評がある店。地元で水揚げされた天然アナゴにこだわり、活穴子刺身2200円や穴子の白焼き2450円など、新鮮だからこそ味わえる多彩なメニューが揃う。

☎0439-87-2021 🏠富津市富津2027 🕐11時〜20時30分LO（要問合せ）🏠月曜（祝日の場合は翌日）、第1火曜 🚃JR大貫駅から車で6分 🅿30台 **MAP** P118A4

春の風物詩 潮干狩りで 内房のアサリをゲット

木更津から富津にかけての海岸には潮干狩り場が点在。なかでも富津海岸潮干狩り場は、東京湾内で一番長い期間潮干狩りを楽しめる人気スポット。
☎0439-87-2121（富津漁業協同組合）
(MAP)P118A3

木更津
かいてんずしやまと きさらづえきまえてん
回転寿司やまと 木更津店

木更津港の目の前という絶好のロケーションに立つ回転寿司の店。水産会社の直営で、新鮮な旬の魚をリーズナブルに提供している。大とろ、中とろと白身魚がセットのやまと5貫などが人気。鮮度と本物のうまさを気軽に楽しめる店。

☎0438-25-2269 (住)木更津市中央3-9-8
(時)11〜22時 (休)無休 (交)JR木更津駅から徒歩10分 (P)40台 (MAP)P118B2

旬の地魚を1貫ずつ集めた地魚三貫580円

大きな窓からは木更津港にかかる中の島大橋が見える

熟練の目利きが漁港で直接買い付け

にぎり一皿 140円〜

定番の地魚からレアなネタまで種類豊富。3貫セットや5貫セットなどもある

上品な甘辛ダレがクセになる名物握り

ランチ穴子すし 1000円

甘辛いタレでじっくり煮込んだ、ふっくら軟らかなアナゴが絶品。軽く炙って香ばしさをプラス。あら汁付き

富津
さとみずし
さとみ寿司

房総の魚介にこだわる店。人気のアナゴ料理は、ふわふわの握りや玉子焼、穴子丼などで提供する。近隣の保田や金谷漁港から仕入れた黒ムツやヒラメ、真ダイなどの鮮魚を使うランチも好評。

☎0439-67-2233 (住)富津市湊832
(時)11〜21時（ランチは〜14時） (休)火曜（祝日の場合は営業） (交)JR上総湊駅から徒歩4分 (P)5台 (MAP)P119A1

アットホームな店内。カウンター席と小上がり席がある

富津
れすとらん ざ・ふぃっしゅ
レストラン ザ・フィッシュ

金谷の海を見渡す開放感あふれるロケーションにあり、オシャレな丼ものやお得な定食、洋食など、さまざまなシーフードメニューを提供。名物のアジフライは単品でも注文できる。ピザやパスタなどの洋食メニューも豊富。

☎0439-69-2161 (住)富津市金谷2288 (時)11時〜17時30分LO (休)無休 (交)JR浜金谷駅から徒歩6分 (P)200台 (MAP)折込表・鋸山A1

浜金谷の海が眼前に広がる開放感ある店内

金谷名物の肉厚なアジをフライと刺身で贅沢に

アジフライ お刺身セット 1980円

驚くほど肉厚な金谷名物揚げたてアジフライを堪能できる

内房ではアナゴのことを"はかりめ"とよぶ。富津漁港沖の天然アナゴは脂がのっていて身もふっくら。

話題の撮影スポットから名水の里へ 濃溝の滝散策&ドライブ

館山自動車道 君津IC発

SNSで話題になった濃溝の滝から、名水の里・久留里へ。
里山風景が広がる房総の中央部をおさんぽ&ドライブでめぐりましょう。

▶マイナスイオンをたっぷりと浴びよう

里山風景をめぐる 散策&ドライブの旅

房総半島の中央部は、緑と水に囲まれた風光明媚なエリア。幾重にも連なる山々や谷を流れる清流、澄んだ水をたたえたダム湖の風景を眺めながら、快適なドライブを楽しめる。君津ICから濃溝の滝までは爽快な房総スカイラインを経由するのがおすすめ。ゴールの久留里では名水をおみやげに持ち帰ろう。

START! 🚗

しみずけいりゅうひろば
1 清水渓流広場

季節ごとの景色に癒やされる自然公園。みどころの濃溝の滝・亀岩の洞窟までは駐車場から徒歩10分。せせらぎ沿いに木道が整備され、6月中旬〜7月中旬にはホタルが飛び交う。

☎0439-56-1325（君津市経済振興課） 🏠君津市笹1954 ⏰🉐休場内自由 🚗館山自動車道君津ICから車で35分 🅿130台 MAP折込裏B7

木々に囲まれた遊歩道が整備されている

のうみぞのたき・かめいわのどうくつ
2 濃溝の滝・亀岩の洞窟

川や滝がトンネルの中を流れる、珍しい景観が広がる濃溝の滝。「川廻し」という工事によって削られた岩盤を流れる滝と、洞窟に差し込む柔らかな光が、幻想的な光景を造り出している。洞窟内には亀に似た岩も見られる。

☎0439-56-1325 🏠君津市笹1954 ⏰🉐休見学自由 🚗館山自動車道君津ICから車で35分 🅿130台 MAP折込裏B7

▲洞窟に差し込む光がハート形に見えることで話題に。ベストタイムは3月と9月のお彼岸前後の早朝

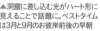
幸運の鐘

▶滝を見下ろす高台には幸運の鐘が設置されている

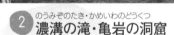

おすすめコース	Start 館山自動車道君津IC		1 清水渓流広場		2 濃溝の滝・亀岩の洞窟		3 濃溝温泉 千寿の湯		4 風鈴堂		5 亀山湖		6 久留里城		Goal 圏央道木更津東IC
		→房総スカイラインなどで 約26km		→約0.8km／徒歩10分		→約1km／徒歩10分		→約0.1km／徒歩2分		→約7.5km／車で15分		→約12km／車で20分		→約9km／車で15分

3 濃溝温泉 千寿の湯
（のうみぞおんせん せんじゅのゆ）

笹川の河川敷から湧く源泉をかけ流しで楽しめる日帰り入浴施設。硫黄泉の匂いがする湯は、肌がしっとりすると評判。

☎0439-39-3791 住君津市笹1954-17 入浴1000円 10時30分～20時30分（要問合せ）休火曜 館山自動車道君津ICから車で30分 P130台 MAP折込裏B7

▲内風呂からは新緑や紅葉を眺めることができる

4 風鈴堂
（ふうりんどう）

玉子や米など地元の素材にこだわった食事処。ケチャップソースで味わうオムライスのほか、究極の卵かけごはん605円などがおすすめ。「君津牛乳」生乳仕込みのきみつソフト420円も好評。

☎0439-32-1015 住君津市笹1954-17 10～17時（冬期は～16時）休火曜 館山自動車道君津ICから車で30分 P10台 MAP折込裏B7

❶オムライスは単品913円。セットメニューもある ❷梅原さんちのきみつプリン350円は濃厚な味わいる

▲桜の名所としても知られている

5 亀山湖
（かめやまこ）

房総半島のほぼ中央に位置する景勝地。複雑に入り組んだダム湖に25の橋が架かる。釣りやボート、周囲のサイクリングやハイキングなども楽しめる。

☎0439-39-2535（君津市観光協会亀山支部）住君津市豊田・川俣 散策自由 圏央道木更津東ICから車で30分 P20台（川俣公園駐車場）ほか多数あり MAP折込裏B7

6 久留里城
（くるりじょう）

▶高台の頂上に立つ天守閣。駐車場からは徒歩15分ほど

戦国時代に里見氏が本拠にした城で、明治維新まで存続した。現在は本丸跡に天守閣が立つほか、二の丸跡には久留里城址資料館がある。

☎0439-27-3478（久留里城址資料館）住君津市久留里字内山 入館無料 9時～16時30分 休月曜（祝日の場合は翌日）JR久留里駅から車で5分 P130台 MAP折込裏B6

久留里の名水を味わう

久留里駅前水汲み広場
（くるりえきまえみずくみひろば）
▶ボトルをもって汲んでみよう

久留里駅前にある自噴井戸

久留里の名水は近隣の清澄・三石山系由来の地下水で、「平成の名水百選」のあちこちに自噴井戸があり、人々の生活に欠かせないものとして大切にされてきた。

☎0439-27-2875（久留里観光交流センター）住君津市久留里市場195-4 利用自由 JR久留里駅からすぐ P39台（上総地域交流センター駐車場）MAP折込裏B6

藤平酒造直売店
（とうへいしゅぞうちょくばいてん）

▲左から福祝純米吟醸720ml 2090円、藤崎屋久左衛門純米大吟醸720ml6050円

少量仕込みの日本酒を味わう

享保元年（1716）創業の酒蔵。米本来の旨みや香りを大切に、少ない生産量で丁寧に醸造している。久留里の名水仕込みの「福祝」シリーズのほか、季節ごとの限定酒もおすすめ。

☎0439-27-2043 住君津市久留里市場147 9～18時 休水曜 圏央道木更津東ICから車で15分 P4台 MAP折込裏B6

濃溝の滝・亀岩の洞窟周辺は立入禁止の場所があります。現在SNSを賑わせたハートの風景は見られませんが、遊歩道の散策は楽しめます。

ココにも行きたい

木更津・富津周辺おすすめスポット

とうきょうわんかんのん
東京湾観音

山の頂上に立つ救世観音

大坪山山頂にそびえる、高さ56mの観音像。昭和36年（1961）に世界平和祈念と戦没者の慰霊を目的に建立された。内部に324段のらせん階段があり、胎内巡りが体験できる。宝冠の高さにある展望塔からは東京湾を一望できる。**DATA**☎0439-65-1222 **住**富津市小久保1588 **¥**拝観500円 **⏰**8〜17時 **休**荒天時 **交**JR佐貫町駅から車で5分 **P**50台 **MAP**P118B4

かのうざんじんやじ
鹿野山神野寺

聖徳太子ゆかりの歴史ある古寺

約1400年前に聖徳太子が開山したといわれる関東屈指の古刹。広い境内には歴史ある建物が点在している。春の桜、秋の紅葉の名所としても知られている。**DATA**☎0439-37-2351 **住**君津市鹿野山324-1 **⏰**境内自由 **⏰**8〜16時 **休**無休 **交**館山自動車道君津ICから車で10分 **P**350台（1月1〜3日は1日500円）**MAP**P119C1

かのうざんくじゅうくたにてんぼうこうえん
鹿野山九十九谷展望公園

水墨画のような風景に出合える

幾重にも重なる上総丘陵の山並みを展望できる絶景の公園。千葉県の眺望百景にも登録されており、夜明け前から日の出直後、日の入り前後の情景は水墨画のよう。雲海を見るなら秋から冬の雨上がりの早朝が狙い目。**DATA**☎0439-56-1325（君津市経済振興課）**住**君津市鹿野山東天峪119-1 **¥⏰休**見学自由 **交**館山自動車道君津ICから車で25分 **P**40台 **MAP**P119C1

のこぎりやまびじゅつかん
鋸山美術館

地元のアートを発信

「石と芸術」をテーマに、町おこしに取り組む富津市金谷の「芸術」のシンボルとして親しまれる。2019年7月、10周年を機に金谷美術館から名称変更した。年に3〜4回、企画展を開催している。**DATA**☎0439-69-8111 **住**富津市金谷2146-1 **¥**入館800円 **⏰**10〜17時 **休**火曜（祝日の場合は翌日）**交**JR浜金谷駅から徒歩5分 **P**20台 **MAP**折込表・鋸山A1

あじのかんしち
味のかん七

特大サイズのアナゴを天ぷらで

創業40年以上、地元でも人気の食事処。富津漁港でその日に水揚げされた、鮮度の高い魚介類を手ごろな価格で食べられる。サクサク食感のアナゴ天丼1430円のほか、定食やすしなどがあり、どのメニューもボリューム満点。**DATA**☎0439-65-1417 **住**富津市千種新田1164 **⏰**11〜15時、16時30分〜21時 **休**火曜（祝日の場合は営業）**交**JR大貫駅から徒歩10分 **P**40台 **MAP**P118A4

そば あびる
SOBA ABIRU

地場食材の天ぷらも美味

季節の創作そばが人気のログハウスのそば処。北海道を中心に国産そば粉を使った手打ちそばを味わえる。風味豊かな舞茸天せいろ1800円など。**DATA**☎070-2304-9119 **住**君津市笹1654-1 **⏰**11時30分〜14時ごろ（材料がなくなり次第終了）**休**木曜、ほか不定休あり **交**圏央道木更津東ICから車で35分 **P**10台 **MAP**折込裏B7

むらのぴざや かんぱーにゃ
村のピザ屋 カンパーニャ

山あいの古民家で極上ピザを

古民家を改装したピザ専門店。石窯で焼くピザは、外はカリッ、中はもちもちとした食感。自家製スモークベーコンのピザなど、30種以上を用意。見た目のインパクト大のピアンカハーブは1925円。**DATA**☎0439-29-2373 **住**君津市大戸見296 **⏰**11〜14時LO（土・日曜、祝日は〜15時LO）**休**火・水曜 **交**JR上総松丘駅から車で10分 **P**15台 **MAP**折込裏B7

きよみだい かふぇ
Kiyomidai Café

地産地消のキッシュが人気

地元素材をぜいたくに使った料理が楽しめるカフェ。なかでも種類豊富なオリジナルキッシュ250円が人気で、冷凍保存できるのでおみやげにもおすすめ。**DATA**☎0438-71-2178 **住**木更津市東太田2-17-8 **⏰**11〜18時（金・土曜は〜22時、日曜、祝日は〜19時）**休**月曜 **交**JR木更津駅から車で5分 **P**6台 **MAP**P118C2

おんがくとこーひーのみせ みさき
音楽と珈琲の店 岬

絶景が自慢の隠れ家カフェ

明鐘岬の絶壁の上に立つカフェで、足下には東京湾の絶景が広がる。40年以上もかわらず営業を続けており、映画の舞台として一躍有名になった。湧き水でいれたドリップコーヒー550円など。**DATA**☎0439-69-2109 **住**安房郡鋸南町元名1 **⏰**10〜17時ごろ **休**無休 **交**JR浜金谷駅から車で3分 **P**10台 **MAP**折込表・鋸山A2

八平の食堂
はちべいのしょくどう

名物アリランラーメンが人気

アリランラーメン1000円は、タマネギをベースに豚肉、ニンニク、ニラなどを使用したピリ辛ご当地ラーメン。峠の途中にあるため行きやすくはないが、休日は多くの人が訪れる人気店だ。**DATA** ☎0475-35-2467 ⓭長生郡長柄町山根1201 ⓮11時30分～スープがなくなり次第終了 ⓫水曜 ⓰圏央道茂原長柄スマートICから車で5分 ⓟ40台 **MAP** 折込裏C5

のうえんカフェ
のうえんかふぇ

新鮮野菜のボリュームランチを

地産地消をコンセプトに、自家栽培野菜などを使ったランチが味わえる。こぶし大のひき肉を袖ケ浦産のキャベツで包み、デミグラスソースで煮込んでグラタンにした、ロールキャベツグラタン1650円（おかずバー付き）が名物。**DATA** ☎0438-75-7335 ⓭袖ケ浦市川原井1838 ⓮11～17時（16時LO）⓫水曜 ⓰館山自動車道姉崎袖ケ浦ICから車で5分 ⓟ40台 **MAP** 折込裏B5

カズサの郷 愛彩畑
かずさのさと あいさいばたけ

季節の新鮮な野菜がずらり

農業と食をコンセプトにした人気の複合施設。直売所には自社栽培のサラダ野菜を中心に、地元の農家が持ち寄る農作物が並ぶ。自社野菜を使ったフードエリアがあるほか、野菜の収穫体験イベントも。**DATA** ☎0439-29-5551 ⓭君津市向郷1687-1 ⓮9時30分～17時 ⓫第1・3水曜（施設により異なる）⓰圏央道木更津東ICから車で15分 ⓟ30台 **MAP** 折込裏B6

珈琲屋コトノ
こーひーやことの

昭和の商人宿がおシャレカフェに

昭和40年代ごろまで商人宿だった「大島屋」の建物を改装。姉妹店で自家焙煎したシングルオリジンのコーヒーとともに、常時7・8種類揃う自家製スイーツが楽しめる。**DATA** ☎080-7383-1844 ⓭君津市久留里市場177 ⓮10～18時 ⓫月・火曜（祝日の場合は営業）⓰JR久留里駅から徒歩3分 ⓟなし（近隣に公共駐車場あり）**MAP** 折込裏B6

海猫珈琲店
うみねここーひーてん

ゆるやかな時間のカフェタイムを

海が見渡せるロケーションで、自家焙煎のおいしいコーヒーが味わえる。手縫いのネルフィルターを使って丁寧にいれるブレンドコーヒー700円や、レアチーズケーキ550円などをぜひ。**DATA** ☎0439-32-1772 ⓭富津市竹岡175-108 ⓮8時30分～夕方ごろ ※変動あり。SNSで要確認 ⓫木・金曜 ⓰JR上総湊駅から車で6分 ⓟ8台 **MAP** P119A2

三井アウトレットパーク 木更津
みついあうとれっとぱーく きさらづ

首都圏最大級のアウトレット

東京都心部からのアクセスのよさが魅力の三井アウトレットパーク。ラグジュアリーブランドなど、国内外の有名ショップが集結しており、グルメスポットも充実している。**DATA** ☎0438-38-6100 ⓭木更津市金田3-1-1 ⓮10～20時（店舗により異なる。変更日あり）⓫不定休 ⓰東京湾アクアライン木更津金田ICから車で10分 ⓟ約6000台 **MAP** P118C1

c o l u m n

リニューアルした アニマルワンダーリゾウトへ

国内最多のゾウが暮らす動物園市原ぞうの国と、姉妹園のサユリワールドがひとつになり、「アニマルワンダーリゾウト」としてリニューアルオープン。市原ぞうの国・サユリワールドセット券大人2900円、3歳～小学生1200円がお得。

市原ぞうの国
いちはらぞうのくに

約70種類の動物が暮らす

ゾウをメインに、約70種の動物や鳥類が暮らす動物園。ゾウのパフォーマンスや、ぶら下がり体験などが楽しめるほか、ほとんどの草食動物にエサをあげることもできる。園内にはフードコートやレストラン、ショップも併設。**DATA** ☎0436-88-3001 ⓭市原市山小川937 ￥入園大人2200円、3歳～小学生900円 ⓮10～16時（最終入園は15時30分）⓫不定休（公式サイトを要確認）⓰圏央道市原舞鶴ICから5分 ⓟ300台（1回1000円）**MAP** 折込裏C6 ぞうさんリフトは1回2500円

サユリワールド
さゆりわーるど

動物たちとのふれあいが楽しい

キリンをはじめとした草食動物へのエサやり（1カゴ500円）や、放し飼いの動物たちとのふれあいが楽しめる。市原ぞうの国からは無料シャトルバスも運行しているので移動も楽ちん。**DATA** ☎0436-88-3001 ⓭市原市山小川771 ￥入園大人1300円、3歳～小学生700円 ⓮10～16時（最終入園は15時30分）⓫不定休（公式サイトを要確認）⓰圏央道市原舞鶴ICから5分 ⓟ50台（1回1000円）**MAP** 折込裏C6

キリンと間近にふれあえる

木更津・富津周辺を巡るなら車が便利。東京湾アクアラインを渡れば日帰りでも充分に楽しめます。

ふむふむコラム

東京湾の真ん中に浮かぶ海ほたるPA

川崎と木更津を結ぶ東京湾アクアライン。その真ん中に「海ほたる」はあります。グルメやショッピングだけでない、プラスαの楽しみ方を紹介しましょう。

川崎側展望デッキ（5階）からは「風の塔」の向こうに川崎方面が見える

©東京湾横断道路

▲海が見える大回廊（4階）は夕日スポットとして知られる◀橋の向こうは房総半島

アクアラインの建設過程を学ぶ

うみめがね ～アクアラインシアター～

調査から完成まで約30年の歳月を費やしたアクアラインの建設過程を、没入感のある映像で紹介。

■5階 ¥無料 ⏰9～19時 休無休

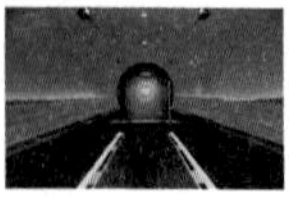

カッターフェイス

海底トンネルの掘削に使用したシールドマシンのカッターの実物をモニュメントとして展示。14.14メートルのカッターフェイスは当時世界最大規模だった。■1階 ¥⏰休見学自由

当時の最先端技術が集結！ アクアラインの価値を再発見

東京湾アクアラインが開通したのは1997年12月18日。建設にあたっては、海底の軟弱な地盤や自然条件、船の航行など、さまざまな困難を乗り越えるために当時の最先端の技術が投入された。この道路が海底トンネルから橋に移り変わる接合部に造られた島が「海ほたる」だ。海ほたるには、アクアラインの建設にまつわるものが展示されるほか、海底トンネルの裏側がみられるツアーも実施。「土木のアポロ計画」ともよばれたアクアラインのすばらしさを感じてみよう。

海ほたるPA

●うみほたるぱーきんぐえりあ

☎0438-41-7401 住木更津市中島地先 ⏰店舗により異なる(トイレ、駐車場、コンビニ、デッキなどは24時間利用可) 休無休 交東京湾アクアライン川崎浮島JCT・浮島ICから約10km／木更津金田ICから約5km P2・3階とも普通車各196台 MAP P118B1

東京湾アクアライン裏側探検

●とうきょうわんあくあらいん うらがわたんけん

普段は入れない緊急避難通路に潜入するガイドツアー。東京湾アクアラインの建設の工夫や安全確保の仕掛けなどの解説を聞きながらトンネルを歩く。

¥1000円 ⏰火・水曜の10・14時～。所要1時間30分。※定員各12名 休祝日、点検・補修日、交通混雑期 ※公式サイトから要予約。http://umihotaru.com/ait_tanken/ ※小学3年以上（小学生は成人の同伴要）、2km以上歩ける方、階段120段（建物7階程度）以上のぼれる方が対象

グルメはこちら

行き帰りにつまみぐい

大漁揚げ いわしバーグ

1袋 972円（3個入り）

千葉県産のイワシの海鮮ハンバーグ。デリコーナーでは1串294円。

Bay Brand 房の駅

●べいぶらんどふさのえき

■4階ノースキャビン

⏰8～20時

あさりの塩ラーメン

980円

アサリとバラ海苔をトッピングした、磯の香りを感じる一杯。

あさりらーめん浪市

●あさりらーめんなみいち

■5階マリンコート内

⏰9～24時

あさりまん

1個 400円

アサリ入りの餡とフワフワ食感の生地が相性抜群のロングセラー。

あさりやかふぇ

●あさりやかふぇ

■5階マリンコート内

⏰7時～20時30分

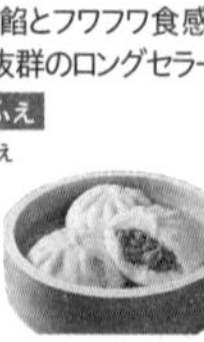

海ほたるスペシャル

800円～

ヨーグルトソフトとジェラートの両方を楽しめる海ほたる限定商品。

ヨゴリーノ

●よごりーの

■4階サウスキャビン

⏰11～20時

房総の魅力がぎゅっと詰まった
大多喜・いすみでのんびり鉄道旅

小湊鉄道といすみ鉄道を乗り継ぎ鉄道の旅へ。
古き良き日本の原風景を車窓から楽しみましょう。
せっかくなら途中下車して養老渓谷でハイキングを。
お腹がすいたら地元の食材を使った里山ごはんを召し上がれ。

これしよう！
ローカル列車で
のんびり観光

小湊鉄道 (☞P40) やいすみ
鉄道 (☞P42) にゆられて、
里山の風景に癒やされる。

これしよう！
渓谷ハイキングで
リフレッシュ

マイナスイオンいっぱいの川
沿いの遊歩道で、滝巡りの
ハイキングを(☞P44)。

これしよう！
古民家レストランで
里山ごはん

田園風景に立つレストラン
で地元産の農産物を使っ
た里山ご飯を(☞P48)。

ローカル鉄道の旅から渓谷散策まで

大多喜・いすみ

おおたき・いすみ

こんなところ

房総最大級の名瀑がある養老渓谷や、のど
かな里山を走るローカル列車など、豊かな
自然とふれあえるエリア。地元食材を使っ
た里山ごはんや、遠方から買いに来る人も
多い人気ベーカリーなど、グルメスポット
も充実している。

a c c e s s

【鉄道】JR東京駅から大原駅ま
で京葉・外房線で約1時間15分。
【クルマ】圏央道木更津JCTから
市原鶴舞ICまで20km。市原鶴
舞ICから大原まで国道297号、
465号経由29km

問合せ
☎0470-64-1111
　いすみ市観光センター
☎0470-62-1243
　いすみ市水産商工観光課
☎0470-80-1146
　大多喜町観光協会
☎0470-82-2176
　大多喜町商工観光課

大多喜・いすみの
おすすめスポット

1 小湊鉄道

週末を中心に、SLをモチーフにした里山トロッコ列車が運行。黄色い菜の花が咲き誇る春は特にきれい。

2 いすみ鉄道

のどかな田園風景のなかをレトロな車両がコトコトと走る。小湊鐵道に乗り継げば房総を横断できる。

3 養老渓谷

養老川によってえぐられた渓谷に遊歩道があり、滝巡りを楽しめる。渓谷の周囲は自然の宝庫。

4 大多喜ハーブガーデン

ハーブ摘みやハーブをたっぷりと使った料理など、ハーブ好きにはたまらない施設。ショップも充実。

スガハラ・ファクトリーショップ

ひと足延ばして訪れたい、人気のガラス工房。工房ではガラス制作体験ができ、ショップではほぼ全製品を網羅。

港の朝市

大原漁港では毎週日曜に港の朝市を開催している。新鮮魚介や水産加工品、地元グルメなどが豊富に揃う。

大多喜

4 大多喜ハーブガーデン

いすみ

1 小湊鉄道

上総中野

2 いすみ鉄道

3 養老渓谷

大原

浪花

御宿

0 3km

大多喜・いすみ

観光のヒント
ローカル鉄道を効率よく活用

エリアを横断する小湊鉄道といすみ鉄道を活用しよう。ただし、本数は少なめなので事前のプランニングが大切。

房総ローカル列車の旅①
小湊鉄道レトロな車両で菜の花畑を走る

房総半島を横断するように走る2つのローカル列車。
小湊鉄道の旅は、沿線が菜の花に包まれる春がおすすめです。

例年3月中旬～4月中旬は沿線に菜の花が咲き誇る

東京駅からJR内房線快速、JR総武線で約1時間10分

小湊鉄道って？

レトロな里山トロッコ列車が人気

五井駅～上総中野駅の全18駅、約40kmを走る路線で、上下線とも1時間に1～2本ずつ運行。沿線を旅するなら、小湊鉄道全駅乗り降り自由の1日フリー乗車券2000円がおすすめ。

☎0436-21-6771 🏠市原市～大多喜町 ¥初乗り140～210円、五井駅～上総中野駅1440円
MAP折込裏C6

Ⓐ 五井駅 (ごいえき)

小湊鉄道の始発駅でJR内房線への乗り換え駅。駅構内で買えるあさり弁当500円、かまろ丼450円は五井駅の名物。
MAP折込裏・B5

出発前に見学

ひそかなブーム！

五井駅こみなと待合室では、オリジナルキハ200形バッグ1700円などのグッズを販売

貴重な蒸気機関車を3台展示している

房総里山トロッコは
早めの予約がおすすめです
おもに週末に運行する房総里山トロッコ。予約は乗車日1カ月前から公式サイト、または電話(☎0436-23-5584)で受け付け。いずれも前日までに予約が必要。

¥普通運賃+600円

かずさうしくえき
Ⓑ 上総牛久駅

駅構内にある「#牛久にカフェを作りたいんだ」では、ドリップコーヒー400円などを販売。改札内からも購入できる。
🕐7時30分～10時30分、13～16時(土・日曜祝日は10～16時)
休月曜
MAP折込裏C6

コーヒーでひと息

停車中にコーヒーをゲットしよう

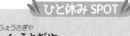
ひと休み SPOT

かふぇうさぎや
cafeうさぎや

飯給駅からすぐの場所にある里山エスニックカフェ。タイやベトナム料理のランチやスイーツなどを楽しめる。店先を小湊鉄道が走るのも楽しい。
☎090-2555-8816
住市原市飯給863
🕐12～16時 休月～水曜 交小湊鉄道飯給駅から徒歩2分 P近隣の駐車場を利用 MAP P120A1
練乳たっぷりのパインフラン。懐かしい味わい

定番の
ベトナムプリン

Ⓐ 五井駅
約28分
Ⓑ 上総牛久駅
約6分
Ⓒ 上総鶴舞駅
約25分
飯給駅
約15分
Ⓓ 養老渓谷駅
約10分
Ⓔ 上総中野駅

(→P42) いすみ鉄道と接続

(→P42)

かずさつるまいえき
Ⓒ 上総鶴舞駅

レトロな佇まいの「関東の駅百選」のひとつ。テレビドラマや雑誌などの撮影に使われたことも。駅の裏には発電所跡が残る。
MAP折込裏C6

ポツンとあります♪

城下町、鶴舞の駅。周辺は桜の名所

ようろうけいこくえき
Ⓓ 養老渓谷駅

房総里山トロッコの発着駅。運転本数が限られているので、事前予約が安心。駅に隣接する足湯で待ち時間を過ごそう。
MAP P120A2

足元がポカポカに♪

足湯は小湊鉄道の乗車券があれば無料で利用できる

かずさなかのえき
Ⓔ 上総中野駅

ゴール!

小湊鉄道の終点駅で、ここでいすみ鉄道と接続。隣り合う2つのホームへは、駅内の通路を渡って移動しよう。ログハウスの駅舎の隣には竹の形のトイレがある。
MAP P120B3

風情たっぷりの待合室

📖 五井駅からいすみ鉄道大原駅までの日帰り旅なら、房総横断記念乗車券2000円がお得です。前進のみ途中下車OK。当日限り有効。

房総ローカル列車の旅②
いすみ鉄道で日本の原風景を走る

太平洋岸の大原駅と上総中野駅を結ぶローカル列車。
車窓を流れる田園地帯の風景と、駅周辺の散策を楽しみましょう。

レトロな車両、キハ52が田園地帯を走る

A 上総中野駅 ← 小湊鉄道と接続（P41）

約21分

いすみ鉄道って？

古きよき日本の原風景を走る

大原駅～上総中野駅の全14駅、約27kmを走る路線で、上下線とも1時間に1・2本程度運行。いすみ鉄道全駅乗り降り自由の1日フリー乗車券は1500円（平日1200円）。

☎0470-82-2161　㊟いすみ市～大多喜町　￥初乗り190円（上総中川駅のみ260円）、大原駅～上総中野駅730円　MAP P121E2

ひと休み SPOT

A 上総中野駅
かずさなかのえき

いすみ鉄道と小湊鉄道が乗り入れる乗換駅。大原への旅はここからスタート。
MAP P120B3

カフェ T. K. G
かふぇてぃー.けー.じー

いすみポッポの丘（→P43）内にあるカフェ。名前のとおり、養鶏場直送の鮮度抜群の卵を使ったTKG（たまごかけご飯）が名物。
☎0470-62-6751　㊟いすみ市作田1298　⏰10～16時　㊡火～木曜（祝日の場合は営業）　🚗いすみ鉄道デンタルサポート大多喜駅から車で10分　🅿60台（1台1000円）　MAP P120C1

いすみ米を利用したたまごかけご飯 627円

車内でごはん
いすみ鉄道の車両を利用したカフェ

車内にカラフルなランタンが下がる
台湾ランタン列車「祈福」
レトロな黄色の車体に台湾ランタン柄の華やかなラッピングを施した列車が大原〜上総中野駅間を運行。車内には台湾から取り寄せたいくつものランタンがぶら下がりフォトジェニック。運行スケジュールは問合せを。☎0470-82-2161

でんたるさぽーとおおたきえき
Ⓑ デンタルサポート 大多喜駅

車両基地がありホームから列車をゆっくり見学できる。城下町、大多喜の中心駅で、周辺にはみどころが多く、途中下車して散策するのもおすすめ。**MAP**P120C2

途中下車して町歩きを

風情ある駅舎

立ち寄り SPOT

おおたきまち
かんこうほんじん
大多喜町 観光本陣

デンタルサポート大多喜駅前にある観光センター。館内のショップでは、周辺の特産品のほかいすみ鉄道関連グッズも販売。レンタサイクルも扱う。☎0470-80-1146 住大多喜町大多喜270-1 営9〜17時 休無休 交いすみ鉄道デンタルサポート大多喜駅からすぐ P5台 **MAP**P120C2

観光案内もここで
大多喜町の観光拠点

普段使いもOK
いすみ鉄道オリジナルのツートントートバッグ（Sサイズ）980円

パッケージは5種類
猿田彦珈琲とコラボしたいすみ鉄道ブレンドドリップバッグ 各250円

Ⓑ デンタルサポート大多喜駅 ── 約11分 ── 国吉駅 ── 約9分 ── 大多喜ハーブガーデン城見ヶ丘駅 ── 約27分 ── Ⓒ 大原駅

東京駅までは、特急わかしおで、約1時間15分

大原駅からJR外房線、特急わかしおで、約1時間15分

立ち寄り SPOT

いすみぽっぽのおか
いすみポッポの丘

大多喜の郊外にある鉄道ミュージアム。房総で活躍した国鉄113系電車や、国鉄183系特急電車など、28両を展示。☎0470-62-6751 住いすみ市作田1298 ¥入場無料 営10〜16時 休火〜木曜（祝日の場合は営業）交いすみ鉄道デンタルサポート大多喜駅から車で10分 P60台（1台1000円）**MAP**P120C1

なつかしの車両だらけ

往年活躍した引退車両を展示

おおはらえき
Ⓒ 大原駅

JR外房線の大原駅と隣接している、いすみ鉄道の始発駅。乗り換えまで時間があれば、周辺を散策しよう。**MAP**P121F3

ゴール！

港町、大原の中心にある

おみやげもあります

売店では週末限定で駅弁を販売

大多喜町観光本陣のレンタサイクルは、当日有効のいすみ鉄道1日フリー乗車券または房総横断乗車券の提示で100円引きになります。

大多喜・いすみ ● 房総ローカル列車の旅②いすみ鉄道

緑いっぱいの養老渓谷で
マイナスイオンハイキング

東京から2時間ほどでアクセスできる養老渓谷は自然の宝庫。
マイナスイオンをいっぱい浴びながら、滝めぐりハイキングを満喫しましょう。

所要時間
約1.5時間

Check!
養老渓谷って？

養老渓谷駅から粟又の滝周辺、梅ヶ瀬渓谷などを合わせたエリアで、温泉地でもある。粟又の滝周辺では川沿いの遊歩道が整備されており、滝巡りを楽しめる。関東一遅い紅葉の名所としても知られる。☎0470-80-1146(大多喜町観光協会)、0436-96-0055(養老渓谷駅前観光案内所)住夷隅郡大多喜町〜市原市 交小湊鉄道養老渓谷駅またはいすみ鉄道上総中野駅から粟又行きバスで13分、原台または粟又ノ滝下車すぐ P小沢又駐車場70台(1回500円)、大多喜町営粟又駐車場利用37台(1回500円) MAP P120A3

房総屈指の名瀑、粟又の滝

START
バス停
粟又の滝

コースチャート

バス停
粟又の滝　Start
徒歩200m/3分
❶粟又の滝
徒歩400m/5分
❷万代の滝
徒歩2.9km/40分
❸粟又の滝展望台
徒歩250m/5分
バス停
粟又の滝　Goal

あわまたのたき（ようろうのたき）
❶ 粟又の滝 (養老の滝)

落差約30mの県内有数の名瀑

全長は100mもある養老渓谷のシンボル。横幅が広く、水が末広がりに流れて

▶紅葉シーズンは例年11月下旬から12月上旬ごろ
住大多喜町粟又 Y❶休散策自由 交バス停粟又ノ滝から徒歩2分 P大多喜町営粟又駐車場利用37台(1回500円) MAP P120B3

いく様子が美しい。階段があり、滝の上流へも行くことができる。

▼下から見上げると迫力ある写真が撮れる

ばんだいのたき
❷ 万代の滝

遊歩道のほぼ中間地点にある

粟又の滝から下流に向かうと左側に現れる落差約10mの滝。なだらかな流れの先にあり、滝のすぐ前まで行くこともできるが滑りやすいので注意。

住大多喜町粟又 Y❶休散策自由 交バス停粟又ノ滝から徒歩15分 P大多喜町営粟又駐車場利用37台(1回500円) MAP P120A3

散策の後は
温泉でひと休み

滝見苑 けんこう村 ごりやくの湯では、里山の風景を眺めながら日帰り入浴を楽しめる。施設内にある食事処・ごりやく食堂にはボリューム満点のグルメも充実。
☎0470-85-0056 住大多喜町粟又ヤシク176 ¥入浴1100円 ⊕10〜18時 休水曜(食事処は水・木休み) 交バス停又・ごりやくの湯からすぐ ℗80台 MAP P120B4

▲木々の間に粟又の滝が小さく見える

③ あわまたのたきてんぼうだい
(ようろうのたきてんぼうだい)

粟又の滝展望台
(養老の滝展望台)

木々の先に名瀑を見下ろす

県道178号沿いにある展望台。うっそうと茂る木々の先に粟又の滝が遠望できる。一周が約1時間の木道散策路がある。

住大多喜町小沢又793-5 ¥⊕休散策自由 交バス停粟又ノ滝から徒歩5分 ℗近隣の有料駐車場利用 MAP P120A3

▲この看板が目印

Check!

立ち寄りスポット

Ⓐ やまざとのじぇらてりあ やまねこ
山里のジェラテリア 山猫

粟又の滝入口付近にある、自然派ジェラートとソフトクリームの店。千葉県産の新鮮な野菜や果物、牛乳などを厳選して作る。
☎なし 住大多喜町粟又5-1 ⊕11〜16時(土曜は〜17時、日曜は〜17時) 休週2回不定休 交バス停 粟又ノ滝 からすぐ ℗15台 MAP P120B3

Ⓑ すいげつじ
水月寺

至徳元年(1384)に創建された禅宗の古刹。ツツジの名所として知られ、花の見ごろは例年3月下旬〜4月下旬。
☎0470-80-1146(大多喜町観光協会) 住大多喜町小沢578 ¥⊕休拝観自由 交小湊鉄道養老渓谷駅またはいすみ鉄道上総中野駅から粟又行きバスで12分、原ノ台下車、徒歩3分 ℗小沢又駐車場利用70台(1回500円) MAP P120A3

Ⓒ ようろうざんりっこくじ (しゅっせかんのん)
養老山立國寺 (出世観音)

頼朝が再起をかけ祈願したことに由来する「出世観音」がある。開運招福や良縁成就のご利益もあるとされる。
☎0436-96-0097 住市原市戸面401 ¥⊕休拝観自由 交小湊鉄道養老渓谷駅から粟又行きまたは中野駅行きバスで3分、温泉郷入口下車、徒歩10 ℗近隣の有料駐車場利用 MAP P120A3

小沢又の滝
(2023年5月現在通行止め)
坂道
178
Ⓑ 水月寺
Ⓒ 養老山立國寺 へ
深沢の滝
(見返りの滝)
♨小沢又バス停
滝めぐり遊歩道
℗小沢又駐車場
㌻原ノ台バス停
・昇龍の滝
小湊バスは、手を挙げればどこでも停まってくれる。うまく会えたら乗ってみよう!
避難口3番
②万代の滝
千代の滝
③ 粟又の滝展望台
(養老の滝展望台)
避難口2番
避難口1番
①粟又の滝
(養老の滝)
Ⓐ 山里のジェラテリア 山猫
階段
♨粟又ノ滝バス停
秘湯の宿 滝見苑
滝見苑 けんこう村 ごりやくの湯へ
℗大多喜町営粟又駐車場
250m

📖紅葉シーズンには粟又の滝周辺などで紅葉ライトアップが開催されます。11月下旬〜12月上旬、17〜21時。

爽やかな香りに包まれて♪
大多喜ハーブガーデンで幸せ気分に

大多喜ハーブガーデンは、ハーブファンならずとも一度は訪れてみたい場所。
ハーブ摘みからランチ、ショッピングまで、ハーブが優しく癒やしてくれます。

①ガーデン
広々としたガラスハウスの中で
さまざまなハーブを栽培。全天
候型なので雨の日でも快適に
ハーブ摘みなどを楽しめる。

こんな
ハーブが
見られます

おおたきはーぶがーでん
大多喜ハーブガーデン

広さは4500㎡以上！
全天候型室内ガラスハウスガーデン

広大な敷地に立つガラスハウスに、ラベンダーやローズマ
リーなどお馴染みのハーブを200種以上栽培。園内には
ハーブカフェレストランやガーデンショップ、ドッグランなど
が入っており、1年を通して充実したハーバルタイムを過ご
すことができる。

☎0470-82-5331 住大多喜町小土呂2433 ¥入場無料
🕙10～17時 休火曜 交いすみ鉄道デンタルサポート大多喜駅か
ら車で5分 P150台 MAP P120C1

①ローズマリー／爽快な香りをもち、料理や香料など
に利用される。薬草として使われることも
②カモミール／フルーツのような香りがありポプリな
どに利用される。ハーブティーは安眠を誘う効果も
③ナスタチウム／独特の辛みと酸味があり花はエデ
ィブルフラワーとしても知られる。

▼200席ほどもある広々とした室内

② カフェレストラン

ガーデン内を一望できるオープンカフェテラス式レストラン。テラス席はペット連れもOK。自社農園産フレッシュハーブをふんだんに使った料理を提供。🕐11〜15時LO

大多喜 ● 大多喜ハーブガーデンで幸せ気分に

▲「濃いバジルにきっと恋する」がキャッチフレーズのコイバジ1000円。フレッシュなバジルソースが濃厚で美味。ドリンクバー500円では、季節のフレッシュハーブティーなどを楽しめる

③ ハーブ摘み

受付でパックとハサミを受けとったらガーデンへ。パックに収まる範囲で好きなだけハーブ摘みを楽しめる。摘んだハーブはカフェレストランでハーブティーにして飲むこともできる。(ハーブ摘み体験 ¥500円)

[園内マップ]
❸ハーブ摘み　こども広場　苗売場　池　ガーデンショップ❹　カフェレストラン❷　入園口

④ ガーデンショップ

カフェレストランと隣接するガーデンショップでは、自社農園産ハーブを使った手作りアイテムがたくさん並ぶ。驚くほど豊富な種類に目移りしそう。

おみやげにハーブグッズを

手指の消毒にも使用できる
アロマエタノール
ラベンダー80㎖ 1320円

肌に直接使用できる
フェイシャルブレンドオイル
(左) No.3 20㎖ 1430円
(右) エクストラ 1650円

オリジナルブレンドハーブティーの
ティーバッグ
(左) 甘くて上品な香りの「ぷるぷるティー」10個入り 724円
(右) 免疫機能を向上させる「免」10個入り 788円

手軽に使える固形タイプの
練香水
ローズモロッコを使った「練香ローズ」990円

ハーブクッキーほか8種類の自家製クッキーを詰め合わせた
「バラエティークッキー」
486円

📖 ┃ドッグランは大型犬用と小型犬用の2つ。水曜は、園内のドッグランを無料で利用できます。

房総が育んだ大地の恵みを存分に
こだわり食材の里山ごはん

大多喜・いすみエリアは、房総半島らしい里山の風景が広がる風光明媚な土地。
古民家を改装したこだわりのレストランで、大地の恵みを味わいましょう。

いすみ

ぶらうんずふぃーるど らいすてらすかふぇ

ブラウンズフィールド
ライステラスカフェ

食材から手作りする玄米菜食ランチ

自家栽培の米や大豆のほか自家製の調味料を使った玄米菜食のレストラン。かまどで炊いた玄米ご飯や、素材の味を生かして調理した野菜のおかずは、噛むほどに味わいが広がる。卵、乳製品、白砂糖不使用のヴィーガンスイーツも提供。営業は週末のみ。

☎0470-87-4501 住いすみ市岬町桑田1501-1 ⏰11～17時 休月～木曜 交JR長者町駅から車で10分 P20台 MAP P121E1

ランチプレート
1650円

玄米ご飯にこだわりの副菜6～7種、味噌汁が付く。食材はもちろん調味料まで自家製にこだわる。数に限りがあるので予約がおすすめ

1 ヴィーガンの週替わりスイーツ440円～ 2 古い納屋をリノベーションした建物 3 木の温もりに癒やされる店内、インテリアも手作り

大多喜

てうちそばゆい

手打蕎麦ゆい

喉ごしのよい十割そばを古民家で味わう

築約130年の古民家を再生したそば処。北海道から鹿児島まで、季節ごとに店主が厳選した日本各地のそばを自家製粉し、香り高い十割そばで提供する。野山の天せいろは、旬の地元野菜や山菜などがたっぷり！

☎0470-85-0885 住大多喜町小田代391 ⏰11～13時（前日までの完全予約制）休水・木曜、ほか臨時休業あり 交小湊鉄道養老渓谷駅から車で10分 P4台 MAP P120A3
※小学生未満、団体は入店不可。お出かけ前にhttps://yuisoba.comを要確認

野山の天せいろ
2000円

本日の野山の天ぷら5・6種と、十割そばのセット。この日のそばは群馬県赤城産、天ぷらはトウモロコシ、万願寺唐辛子など

1 養老渓谷のほど近くの、山深い場所にある 2 店内は全面撮影禁止。新緑や紅葉など四季折々の里山の趣を感じよう

古民家×ステージ ライブイベントに注目

Cafe&Diner古民家66とっとっとの店内には、大きなステージが設けられており、定期的にプロのミュージシャンなどによるライブを開催している。木曜の午後は昼カラオケを開催しており1ドリンク付き1000円。

☎0470-67-5424 **MAP** P121E1

大多喜
くらしょう

蔵精

体が喜ぶヴィーガン懐石料理を

ご夫婦が営む一軒家レストラン。使用する食材はすべて植物性で、調味料や油も無添加というこだわりようだ。体にやさしく、おいしいヴィーガン料理を味わってみよう。

☎0470-82-4949 🏠大多喜町桜台32 🕐11時30分〜14時30分（要予約）、18〜21時（3日前までに要予約）🈁月・火曜※臨時休業あり 🚉いすみ鉄道デンタルサポート大多喜駅から徒歩7分 🅿4台 **MAP** P120C2

季節のコース
3500円〜
地元の自然栽培野菜を使い、自家製しょうゆや味噌を中心に調理。季節の野菜を使用するため内容は随時変更。※写真は一例

1 歴史を感じさせる建物。駐車場は店の裏手にある 2 店内はカウンター席のみ。一品ずつ運ばれる料理を女将が丁寧に説明してくれる

市原
ぴっつぇりあ ぼっそ いちはらてん

PIZZERIA BOSSO 市原店

地元の旬食材を使った絶品イタリアン

市原湖畔美術館（☞P54）内にあるイタリアンの店。本格薪窯で焼き上げるピッツァや野菜の窯焼きなどには、地元の食材をたっぷりと使用。開放感抜群の店内からは、高滝湖上の彫刻や夕日も楽しめる。

☎0436-67-0967 🏠市原市不入75-1 🕐11〜20時（土・日曜、祝日は〜21時）🈁月曜（祝日の場合は翌日）🚉小湊鉄道高滝駅から車で3分 🅿77台 **MAP** 折込裏C6

イチゴなど旬のフルーツと仕上げのジェラートがのったドルチェピッツァは1250円〜

1 美術館の敷地内にある 2 大きな窓の向こうに高滝湖を望む

ピッツァボッソ
2730円
房総の四季を表現した4種類の味を1/4ずつトッピングしたスペシャルピッツァ。春の銚子産イワシや夏の大多喜産バジルのジェノベーゼなど、四季の味覚を1枚で楽しめる。

📖 里山にある食事処を訪れる際は、電話やSNSなどで営業状況を事前に確認するのがおすすめです。

大多喜・いすみ ● 房総の恵みを味わう里山ごはん

いすみで評判の味をテイクアウト
人気のベーカリー＆チーズ工房

いすみの里山には、地元の人が足繁く通うベーカリーが点在します。
地元産のミルクで作るチーズ工房や、遠方からのファンも多いタルト屋さんも。

❶ KONATE・リッチ
720円

ゴロゴロ野菜と
ビーフカレー
340円

「KONATE・リッチ」は生クリームと卵を贅沢に使用しており、ほんのり甘くリッチな味わい『ゴロゴロ野菜とビーフカレー』はパプリカやズッキーニ、ナスなどの野菜が入ったトロトロのカレーが美味

❷ パン屋の厚焼ピザ
250円

クランベリーとくるみ
370円

「パン屋の厚焼ピザ」はこだわりのピザ生地に自家製のピザソースをオン。チーズもとろとろ！「クランベリーとくるみ」は甘酸っぱいクランベリーと、香ばしいクルミの組み合わせが絶妙

　テイクアウトのみ

べーかりー こなて
BAKERY KONATE ❶

惣菜パンからおやつまでロングセラーのパンが並ぶ

パン好きのご夫婦が気さくな接客で迎えてくれる小さな店。店内には、店主が厳選した食材で作られた自慢のパンが常時40種類ほど並ぶ。食パンは3種類あり、好みの厚さにスライス可。支払いは現金のみ。

☎0470-87-8383 🏠いすみ市岬町和泉3088-4 🕐11時～売切れ次第終了 🏖日曜、月曜不定休 🚃JR太東駅から車で7分 🅿10台 MAP P121F1

　テイクアウトのみ

しぜんこうぼぱんあんどかふぇ かめりあ
自然酵母パン&カフェ かめりあ ❷

良質な材料を使ったこだわりパン

「椿の里」とよばれる地域にある店。管理栄養士の資格をもつ店主が厳選した材料で作るパンは、毎日食べても飽きのこないシンプルな味わいのものが中心。添加物不使用、油も極力使わず、ヘルシーで体にやさしいパンが自慢。

☎0470-63-2227 🏠いすみ市深堀1751-30 🕐11～18時 🏖月～木曜 🚃JR大原駅から車で8分 🅿5台 MAP P121F2

③

クロワッサン
200円

くるみ
200円

「クロワッサン」は外はパリパリ、中はもっちり。バターの風味が口の中いっぱいに広がる『くるみ』はクルミを惜しみなく使用したパン。素朴な味わいがおいしい

④

草原の青空
1200円

マイルドな味わいのブルーチーズ。ワインのお供やパスタソースなどに。

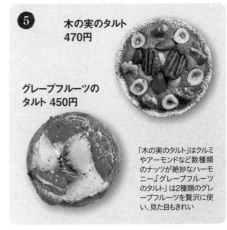

⑤

木の実のタルト
470円

グレープフルーツの
タルト 450円

「木の実のタルト」はクルミやアーモンドなど数種類のナッツが絶妙なハーモニー。「グレープフルーツのタルト」は2種類のグレープフルーツを贅沢に使い、見た目もきれい

いすみ	テイクアウトのみ

ぐらん

grain ③

見た目もきれいなパンの数々

住宅街から離れた田園風景のなかにあり、都内のベーカリーで10年ほど修業を積んだ女性オーナーが営む。国産の小麦粉とバターを中心に使って、ひとつずつ丁寧に手作りするパンは見た目も美しい。デニッシュ系からハード系まで約30種類が揃う。

☎0470-86-4007 住いすみ市荻原2631-5 ◯10時30分～17時 休月～水曜 交いすみ鉄道国吉駅から車で10分 P4台
MAP P121D1

いすみ	イートインOK（全15席）

たかひでぼくじょうみるくこうぼう

高秀牧場ミルク工房 ④

牧場自慢のこだわりチーズ

約150頭の牛を飼育する自社牧場で搾乳したミルクを使った自家製チーズを販売。1週間ごとに仕込みを行うため、商品は売り切れてしまうことも。店内ではピザやサンドイッチなどの食事メニューも提供している。

☎0470-62-6669 住いすみ市須賀谷1339-1 ◯10～17時 休木曜 交いすみ鉄道上総中川駅から車で5分 P15台
MAP P121D1

いすみ	イートインOK（全4席）

いーとす べいくど すいーつ

eatos BAKED SWEETS ⑤

旬のフルーツを使った手作りタルト

緑に囲まれた里山にあるタルトの店。四季折々の旬のフルーツや木の実を焼き込んだ直径8cmのタルトは、素材の味わいを感じられる逸品。ガトーショコラやキャロットケーキなどの焼菓子も販売している。

☎0470-62-6246 住いすみ市山田4484-1 ◯11～17時 休月～金曜 交いすみ鉄道国吉駅から車で7分 P6台
MAP P121D2

酪農地帯としても知られるいすみ市には、牧場の牛乳を使って作るこだわりのチーズ工房が点在しています。

ランチも自分へのおみやげも
スタイリッシュにいきましょう

洗練されたデザインで人々を魅了する「Sghrスガハラ」のガラス製品。
工房に併設されたショップ&カフェでアートな気分に浸って。

ダージリンをベースにバラの花びらとバニラをブレンドした紅茶Sghr blend（単品550円）は華やかな香り

定番のベイクドチーズケーキ（単品550円）はブルーベリージャムを添えて

シラスは九十九里産

地元農家から届く季節の野菜を自家製ビーツのドレッシングで

しらすと水菜のパスタ
オリーブソース添え　1100円
（グリーンサラダor彩りピクルス付き）
※スイーツ&ドリンクセットはお好きなものを選んで300円引きに

ガラスの器に盛り付けたランチはまるでアート!

えすじーえいちあーる　かふぇ　くじゅうくり
Sghr café Kujukuri
ガラスの器と料理のマリアージュ

工房の敷地内にある白を基調としたカフェ。自社製のガラスの器を使い、近隣の食材を取り入れたランチやスイーツを提供する。コーヒーは九十九里に焙煎所を構えるThe Rising Sun Coffeeによるオリジナルブレンド豆を使用。

☎0475-67-1020 住九十九里町藤下797
時10〜18時（17時30分LO。ランチは11〜14時）
休無休※不定休あり 交JR東金駅から車で14分
P20台 MAP折込裏D5

1天気の良い日はテラス席がおすすめ 2外光が差し込む店内は明るい雰囲気

ガラス制作体験
&見学も

工房では事前予約制で職人の指導のもと、ガラスをのばしてお皿などを作る体験、工房見学（無料）も行なっている。※2023年4月現在休止中。再開時期については公式サイトを要確認。

REWORK：DUO OLD
（リワーク：デュオ オールド）
遊ぶ猫・バード　各3850円

気泡が残ってしまい正規品にできない製品に、動物の姿を施したエコロジーなグラス

FLUTTER（フラッタ）
21cm：各1万1000円
花びらのような曲線が美しいプレート

TORETATE（とれたて）
たまねぎ 7150円
丸いフォルムがユニークなフードカバー。ほかにメロン、りんご、トマトもある

ファクトリーショップで
お気に入りを探して

EDA（枝）
M各3300円・S各2200円
可愛いガラスの枝はオーナメント、箸置きなど使い方はお好みで

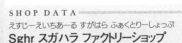

BULLE VASE（ブル ベース）
各6600円
光を受けると泡と色がキラキラと反射して、うっとりする美しさの一輪挿し

TRESOR（トレゾー）
4400円
蓋の取っ手がアクセントの小物入れ。贈り物にも人気の1品

SHOP DATA
えすじーえいちあーる すがはら ふぁくとりーしょっぷ
Sghr スガハラ ファクトリーショップ

4000種にのぼる全製品を展示

自社のオリジナルデザインの製品に加え、職人による1点ものの作品も展示している。

☎0475-67-1021 🕒9時30分〜17時30分 🈳無休※不定休あり 🅼折込裏D5

九十九里 ● Sghrスガハラでランチ＆ショッピング

「Sghrスガハラ」のガラス製品は、デザインも職人さん自ら行なっているそう。素材を熟知した職人ならではの曲線を活かしたデザインに温かみが感じられます。

53

大多喜・いすみ周辺のおすすめスポット

ココにも行きたい

ちばけんりつちゅうおうはくぶつかん
おおたきじょうぶんかん
千葉県立中央博物館 大多喜城分館

大多喜の シンボル的存在

大多喜城跡地にある模擬天守閣造りのミュージアム。研修館でパネル展を開催。**DATA**☎0470-82-3007 値大多喜町大多喜481 入館無料 9〜16時（研修館）休無休 交いすみ鉄道デンタルサポート大多喜駅から徒歩15分 P80台※2023年現在改修のため休館中。敷地内と研修館は見学できる。**MAP**P120C2

いちはらこはんびじゅつかん
市原湖畔美術館

大自然の中でアートを体感

高滝湖畔という絶好のロケーションにある美術館。現代アートを中心とした企画展を行うほか、ワークショップなどを開催。**DATA**☎0436-98-1525 値市原市不入75-1 展覧会により異なる 10〜17時（土・日曜、祝日、祝前日は閉館延長あり）休月曜（祝日の場合は翌日）交小湊鉄道高滝駅から車で3分 P77台**MAP**折込裏C6

撮影：遠藤匡 提供：市原湖畔美術館

きゅうちゃんのだいどころ
Qちゃんの台所

居心地&ボリューム満点

落ち着いた雰囲気の店内で、ボリューム満点の料理を提供する洋食レストラン。看板メニューのばくだんコロッケ740円や、手ごねのチーズハンバーグ980円などが好評。**DATA**☎0470-87-6930 値いすみ市岬町江場土1702-1 17〜22時（金・土曜は〜23時）休木曜（水曜不定休）交JR長者町駅から徒歩15分 P6台**MAP**P121F2

かいせん・はまやき「えびや」
海鮮・浜焼き「海老屋」

伊勢エビ問屋直営の店

大原漁港にある伊勢エビ問屋・山十の直営店。伊勢海老天丼3850円のほか、浜焼きが楽しめる海鮮セットも人気。**DATA**☎0470-62-1126 値いすみ市大原10095-6 11時〜14時15分LO、17時30分〜19時15分LO（曜日により異なる）休木曜、第2水曜 交JR大原駅から徒歩13分 P20台**MAP**P121F3

どね
donner

一軒家フレンチで優雅にランチ

シェフとパティシエの夫妻による料理やスイーツを楽しめる店。地元の野菜や魚介類を使った季節感あふれるランチコースは3000円〜。食後のデザートも美味。**DATA**☎0470-64-6318 値いすみ市若山2628-3 11〜14時、17時30分〜21（ディナーは完全予約制）休不定休 交JR大原駅から車で5分 P12台**MAP**P121F2

こーひー はぐ
珈琲 抱／ HUG

厳選深煎りコーヒーでホッとひと息

古民家の納屋をリノベーションしたカフェ。手回しロースターによりじっくり焙煎したコーヒー500円〜やケーキ各種550円〜などでゆっくりとくつろげる。コーヒー豆の販売も行っている。**DATA**☎090-6007-5969 値大多喜町堀之内407 12〜17時LO 休月・火曜 交いすみ鉄道東総元駅から車で10分 P5台**MAP**P120C2

ほくとしゃ
北土舎

房総各地の伝統工芸品がずらり

古民家を利用した、おしゃれな民芸品店。いすみ市在住の職人が作る建具組子コースター四角1200円、六角1600円のほか、郷土玩具の芝原人形や房州うちわなど、多彩な品々が並ぶ。**DATA**☎070-1390-3053 値いすみ市大原8750 毎月1〜20日ごろの11時〜16時30分 休水・木曜 交JR大原駅から徒歩1分 P2台**MAP**P121F3

しょうわどうようがしてん
昭和堂洋菓子店

大原駅前の老舗洋菓子店

昭和8年（1933）創業の4代続く洋菓子店。生菓子はもちろん、焼き菓子も充実の品揃え。いすみ市のマスコット「いすみん」とコラボした、いすみんサブレは1枚162円。**DATA**☎0470-62-0223 値いすみ市大原8749 9時30分〜19時（水曜は〜18時）休不定休 交JR大原駅からすぐ P2台**MAP**P121F3

---

column

新鮮魚介のブランチはいかが？ 大原漁港 港の朝市

大原漁港では毎週日曜に港の朝市を開催。新鮮魚介や水産加工品、地元グルメが豊富に揃う。買った食材を焼いて食べるバーベキュープランもあるので、日曜のブランチにぜひ。**DATA**☎0470-64-4518 値いすみ市大原11574 日曜8〜12時 休荒天時 交JR大原駅から車で5分 P100台**MAP**P121F3

市原市では3年に一度、芸術祭「いちはらアート×ミックス」を開催。市原湖畔美術館はその中核施設としての役割も担っています。

温暖な気候の南房総・勝浦エリアで
花と海を愛でるシーサイドドライブ

「日本の道百選」にも選ばれた房総フラワーラインは
ひと足早い春を感じられるドライブコース。
人気の鴨川シーワールドやマリンスポーツで海を楽しんだ後は、
勝浦タンタンメンやおらが丼などのご当地グルメでお腹を満たして。

これしよう!
ロケ地として話題の橋を
写真におさめよう

岡本桟橋（原岡桟橋）(☞P74)は
映画やドラマ舞台として有名になっ
た木製の桟橋。レトロな街灯が下
がり、ノスタルジックな風景が見ら
れる。

これしよう!
リゾート気分を満喫

勝浦の海辺にたたずむ複合施設
edén(☞P72)。1階には地中海レス
トランとショップが、2階には水着専用
のスパがある。

これしよう!
房総フラワーラインで
お花摘み

冬でも温暖な南房総は花の名所と
して知られる、花摘み体験が出来る。
房総フラワーラインでは1〜2月には
菜の花が見ごろに。(☞P58)

カラフルなONJUKUのオブジェは、フォトスポットとして話題
に。御宿中央海岸
MAPP121E4
☎0470-68-2513

雄大な海岸線ドライブが気持ちいい

南房総・勝浦
みなみぼうそう・かつうら

こんなところ

房総半島南部にある、風光明媚なエリア。
内房と外房、それぞれの海の魅力を合わせ
もち、内陸部にはのどかな里山風景が広が
る。房総随一の人気を誇る鴨川シーワール
ドのほか、マリンアクティビティやフルーツ
狩りなど、多彩なアクティビティも楽しめ
る。海の幸を使ったグルメスポットも多い。

a c c e s s

【JR】JR君津駅から館山駅まで内
房線で約1時間、館山駅から外房
鴨川駅まで約40分
【クルマ】木更津JCTから富浦ICま
で44km。君津ICから安房鴨川駅
まで県道92号、24号を経由して
34km

問合せ
☎0470-22-2000
　館山市観光協会
☎0470-22-2544
　館山市観光みなと課
☎0470-28-5307
　南房総市観光協会
☎04-7092-0086
　鴨川市観光協会
☎04-7093-7837
　鴨川市商工観光課
☎0470-73-2500
　勝浦市観光協会
☎0470-73-6641
　勝浦市観光商工課
☎0470-68-2414
　御宿町観光協会
☎0470-68-2513
　御宿町産業観光課

~南房総・勝浦 はやわかりMAP～

ローカルフードを満喫しよう
勝浦の勝浦タンタン麺や鴨川のおらが丼など地元グルメを味わおう（☞P68）。

海のテーマパークへ
「鴨川シーワールド」（☞P64）はシャチなどのパフォーマンスのほか、動物とふれあえるプログラムが満載。

観光のヒント
クルマが便利
バスは本数が少ないので、自由度の高い自家用車かレンタカーがおすすめ。公共交通機関ならJR駅を起点にレンタサイクルを利用するのもいい。

おすすめコースは
シーサイドドライブ
圏央道市原鶴舞IC
から南房総をぐるり**5時間**

南房総の海岸線を時計回りにぐるっと回るドライブコース。話題の映えスポットで記念撮影を楽しみながら、ドライブを満喫しよう。

スタート 圏央道市原鶴舞IC
▶ 約35km／約50分
1 御宿中央海岸
▶ 約10km／約15分
2 edén
▶ 約52km／約1時間20分
3 白間津お花畑
▶ 約6km／約10分
4 野島埼灯台
▶ 約21km／約40分
5 岡本桟橋
▶ 約2.5km／約5分
ゴール 富津館山道路 富浦IC

房総フラワーラインで
ドライブ＆お花摘み

▶白間津お花畑
のストック

冬でも温暖な南房総では、1〜3月に花摘みのシーズンを迎えます。
点在するお花畑を眺めながら、早春のドライブにでかけましょう。

房総フラワーラインって？

フラワーラインの平砂浦海岸沿いでは1〜2月に菜の花が見られる

館山の下町交差点から南房総の和田町まで、約46km続く海沿いの道路。通年楽しめる施設もあるが、2月下旬〜3月中旬が花摘みのピーク。花摘みスポット以外は基本的に撮影のみ。無断で花を摘まない、私有地に立ち入らないなど、見学のマナーを遵守すること。公共交通機関よりクルマがおすすめ。

問合せ 館山市観光協会 ☎0470-22-2000
南房総市観光協会 ☎0470-28-5307

お花見SPOT

千倉
しらまづおはなばたけ
白間津お花畑 ❸

海を望む風光明媚な花畑

▲海沿いにある白間津お花畑は海を望む景観が人気

太平洋に面した白間津地区にあり、20軒ほどの花摘み園が集まる。海と花畑を同時に見られるため、写真撮影や写生のスポットとしても人気。☎0470-44-3581 ▸南房総市千倉町白間津 ¥入園無料 ⏰1〜3月下旬の8時30分ごろ〜日没 休期間中無休（悪天候時を除く）🚗富津館山道路富浦ICから車で35分 Ｐ21台 MAP P123D4

千倉
ちくらはなばたけ
千倉花畑 ❹

▼千倉花畑は、道の駅ちくら・潮風王国の目の前にある

花の香りに包まれて
お花摘み体験を

地元の花農家たちが集まって営む花摘み園。栽培している花は7種類ほどで、畑一面に花が咲く最盛期には花のじゅうたんのようになる。☎0470-44-3581（南房総市観光協会千倉観光案内所）¥入園無料 ⏰1〜3月下旬の8時30分ごろ〜日没 休期間中無休（悪天候時を除く）🚗富津館山道路富浦ICから車で30分 Ｐ30台 MAP P123E4

房総フラワードライブコース 🚗

START					GOAL
富津館山道路富浦IC	❶道の駅おおつの里 花倶楽部	❷花の里 フローラルビレッジ名倉	❸白間津お花畑	❹千倉花畑	富津館山道路富浦IC
	3km／クルマで5分	40km／クルマで60分	2.5km／クルマで3分	3km／クルマで5分	27km／クルマで45分

花摘みのポイント

花の選び方や茎をカットする場所など、花によっていくつかのポイントがあるので花摘みの際にはスタッフに確認を。持ち帰る際の処理方法や、生ける前の水揚げの方法についても詳しく教えてくれる。

▲7分咲きくらいの花を選ぶといい

花摘み SPOT

ポピー		
12〜4月	10本250円	
キンギョソウ		
11〜5月	1本125円	
ストック		
12〜3月	1本125円	
スターチス		
1〜5月	3本250円	
ストレリチア (極楽鳥花)		
10〜5月	1本300円	

富浦
みちのえきおおつのさと はなくらぶ

道の駅おおつの里 花倶楽部 ①

花がいっぱい！ 国内最大級の大型ハウス

広大な大型ハウス内で、南房総の代表的な花を栽培。各種花摘みやフラワーアレンジメント体験などを行える。地元の特産品などを販売する直売所や花売店もあり、買い物だけでも楽しい。

☎0470-33-4616 ⊞南房総市富浦町大津320 ¥入園無料 ⊙9〜17時（7〜11月は〜16時30分）⊞不定休（1〜3月は無料、母の日の翌日〜10月は売店のみ休業）✗富津館山道路富浦ICから車で5分 ℗30台 ⓂⒶⓅP119A4

キンギョソウは11〜5月が見ごろ

❶大型ハウスの中で季節の花を栽培 ❷花売り場には花農家が丹精込めた花が並ぶ。宅配もOK
❸人気の多肉植物の販売コーナーも

白浜
はなのさと ふろーらるびれっじなくら

花の里 フローラルビレッジ名倉 ②

季節の作物の収穫体験も

海に面した風光明媚な花畑。11〜5月まで、花摘みを楽しむことができる。また、4〜5月のソラマメなど、南房総を代表する味覚の収穫体験も。入園料を払うと1名10本まで花摘みが無料。

☎0470-38-4618 ⊞南房総市白浜町白浜5818-1 ¥入園500円 ⊙8〜17時 期間中無休（花のない時期は休業あり）✗富津館山道路富浦ICから車で30分 ℗20台 ⓂⒶⓅP123D4

ポピー		
11〜5月	1本50円〜	
キンギョソウ		
11〜5月	1本50円〜	
菜の花		
2月下旬〜4月下旬		
1本50円〜		
ストック		
1〜2月	1本50円〜	
キンセンカ		
1〜5月上旬	1本50円〜	
ベニジュウム		
11〜5月	1本50円〜	

こんなお花が見られます

ストック
甘い香りが特徴。品種は多く色や形のバリエーションが豊富

キンギョソウ
花の形が、ヒレを広げた金魚そっくり。黄色やピンクが一般的

菜の花
南房総を代表する黄色い花。食用菜の花摘みができる施設も

ポピー
鮮やかな大輪の花。花摘みの際にはつぼみを摘むのが鉄則

▲色鮮やかな花畑

📖 南房総のお花畑はペット連れOKのところも多い。実際に花畑のなかを歩く際には、抱きかかえるなどの配慮を。

週末はマリンアクティビティでリフレッシュ
房総の海を満喫しましょう

海の透明度が高い房総のお楽しみのひとつが海遊び。
ダイナミックな自然の力を借りて、リフレッシュしましょう。

水面を
滑るように進む爽
快感！

透明度の高い海で話題のSUPに挑戦

SUPに寝そべって休憩タイム。
穏やかな揺れが気持ちいい

水上を
すいすい

プロの
手ほどきでSUP体験
SUP体験

公認プロが専属でガイドするSUP（スタンドアップパドル）体験。海のコンディション確認をすませたら、漕ぎ方や方向転換などSUPの基礎を学び、いざ海へ。運がよければボードの上から魚が見えることもある。そのほか、足で漕ぐペダルSUP体験もある。

鋸南 うみとやま
UMI to YAMA
☎070-8902-5997 住鋸南町竜島165-34 スクールは9時30分〜、12時〜、14時30分〜など（スクールにより異なる）休不定休 交JR安房勝山駅から徒歩10分 P50台
MAP P119A3

体験前に
Check!
●所要：約90分 ※要予約 ●料金：SUP体験クルーズ6900円〜（ボード、パドルなど込。ウェットスーツレンタルは別途1100円）●参加人数：2名〜

穏やかな館山湾で海遊び
安定感抜群！
カヤック体験

人気のシットオン・トップ・カヤックで遊ぶ、半日単位の海遊び体験コース。2人乗りのカヤックを使うので、初めての人や親子でも安心。途中で上陸して、ビーチコーミングやシュノーケリングなどの海遊びも楽しめる。

SUP体験ツアーもある

仲間とワイワイ楽しもう

館山 ぱどるすぽーつ・るー
パドルスポーツ・ルー
☎0470-49-4449 住館山市大賀81-17 ホテルファミリーオ館山内 9〜18時 休月曜 交JR館山駅から車で10分 P36台 MAP P122B2

体験前に
Check!
●所要：約3時間 ※要予約 ●料金：カヤック体験8500円（カヤック、パドル、ライフジャケットなど込み）●参加人数：2名〜

歩いて行ける無人島 沖ノ島公園へ

周囲1kmほどの沖ノ島は、陸続きになった無人島。島内には手つかずの自然が残り、島を囲む海は抜群の透明度を誇る。夏の海水浴のほか磯遊びも楽しい。☎0470-22-2000（館山市観光協会）**MAP** P122B2

南房総 ● 海遊びで癒やされる

▶本格的なダイビングの前に気軽に体験を。ウニの仲間、スカシカシパンを発見！

色とりどりの魚やサンゴとたわむれる

海中散歩

ダイビング体験

水がキレイなことで知られる沖ノ島周辺で楽しむダイビング体験。マスクの使い方や水中での呼吸のしかたなどを学んだ後に、いざ海の中へ。スノーケリングのコースもある。

館山
おきのしまだいびんぐさーびすまりんすのー
沖ノ島ダイビング
サービスマリンスノー
☎0470-29-5182 住館山市沼985-5 ●8〜18時 休無休 交JR館山駅から車で7分 P6台 **MAP** P122C2

体験前にCheck! ●所要：約90分 ※要予約 ●料金：体験ダイビング1万4300円〜（機材一式込。各種クーポン割引きあり） ●参加人数：1名〜

憧れのサーフィンに挑戦！

1日で立つ人も

サーフレッスン

長い海岸線の平砂浦でサーフィンレッスンを。ボードの扱い方などの基礎からテイクオフまで、マンツーマンで指導してくれる。初心者は事前にオンデマンド講習を受けられるプライベート＋PLUSがおすすめ。

▶入水前にビーチでレクチャー

館山
さぶこー
SURFCO
☎0470-28-2666 住館山市大神宮116-5 ●12〜18時（土・日曜は9時〜）休無休 交JR館山駅から車で20分 P8台 **MAP** P122B4

体験前にCheck! ●所要：約60分 ※要予約 ●料金：プライベート＋PLUS 1万1000円〜（用具一式込。レッスン後も使用可能）●参加人数：1名〜

波に合わせてこぎ出し、テイクオフ！ 爽快感がやみつきに

自然と不思議を巡るエコツアー

ワクワクがいっぱい

沖ノ島無人島探検

歩いて行ける無人島、沖ノ島をガイドと一緒に探検。島で唯一の神社や洞穴、岩肌の地層など、島の歴史や成り立ちを学びながら散策する。いままで知らなかった海の楽しみ方や海との関わりなどを知ることができる。

▲遊歩道を歩いて植物を観察
▶地層の中に貝の化石を発見！

館山
たてやま・うみべのかんていだん
たてやま・
海辺の鑑定団
☎0470-24-7088 住沖ノ島国定公園看板前集合 ●開催日（おもに土・日曜、祝日）の10時〜、13時30分〜（開催日は要問合せ。受付は10〜17時）休水曜 交JR館山駅から車で15分 P400台（海水浴シーズン中は環境保全協力金車1台1000円（任意）**MAP** P122B2

体験前にCheck! ●所要：約2時間 ※要予約 ●料金：沖ノ島無人島探検プログラム2500円〜●参加人数：1名〜（各回定員20名程度、最低催行人数3名）

 一般的に館山市の洲崎より北が東京湾、南が太平洋。館山市は2つの海に面した町ということになります。

爽やかな海沿いの道を走る
レンタサイクルで千倉めぐり

鉄道駅などから離れた場所へはレンタサイクルが便利。
サイクリングを楽しみながら、千倉のみどころを巡りましょう。

ちくらアートな海の散歩道をレンタサイクルで走る。
※サイクリングの際は、乗車用ヘルメットを持参・着
用しましょう

START!

所要時間
約3時間
距離：約24km

JR 千倉駅

約5km
約20分

▼教会風の建物などもあ
り園内は散策も楽しめる。
はなまる市場も人気

🚲 レンタルOK　返却OK

約6.5km
約30分

みちのえきろーずまりーこうえん
① 道の駅ローズマリー公園

西洋の雰囲気漂うおしゃれスポット

文豪シェイクスピアが晩年を過ごした家を再現
した、中世ヨーロッパ調の建物が特徴の道の
駅。園内にあるはなまる市場は、房総の農産物
や特産品が数多く揃う観光客に人気のスポッ
ト。インフォメーションの2階には、シェイクスピ
アの劇の場面を再現した展示も。

☎0470-46-2882　🏠南房総市白子1501　🕘9〜17
時（はなまる市場は〜16時30分）　休無休（年間数日臨
時休業あり）　🚃JR南三原駅から車で6分　🅿178台
MAPP123E2

◀シェイクスピアの生
家を再現したチェーダ
ー様式の木造家屋が
建ち並ぶ

乗り捨てOKな レンタサイクルが便利

南房総市では市内と周辺10カ所以上の拠点で自転車を借りられる「くるくる車ららん」を実施。JR千倉駅構内の千倉観光案内所☎0470-44-3581 MAP P123E2や各道の駅などで利用できる。旅のプランに組み込んでみよう。

電動アシスト付1日1000円、乗り捨て料金別途1000円

---

② 高家神社
たかべじんじゃ

▶全国でも珍しい料理の神様を祭る

料理の神様を祭る希少な神社

料理の神様である磐鹿六雁命が御祭神。毎年5月17日、10月17日、11月23日には、手をふれずに包丁と箸だけで魚をさばく、伝統の「庖丁式」が執り行われる。

☎0470-44-5625 住南房総市千倉町南朝夷164 ¥・時・休境内自由 交JR千倉駅から車で4分 P16台 MAP P123E3

---

③ ちくらアートな海の散歩道
ちくらあーとなうみのさんぽみち

約3.5km 約15分

地元の子どもたちとアーティストがコラボ

千倉町の海岸沿いに描かれた壁画群。地元アーティストと子どもたちが手がけたもので、3つのエリアの全長は約2.5kmに及ぶ。のんびりとサイクリングを楽しみながら、お気に入りの絵をさがしてみよう。

☎0470-44-3581（千倉観光案内所）住南房総市千倉町平磯・千田・大川 ¥・時・休見学自由 交JR千倉駅から車で15分 P約130台（ちくら・潮風王国）MAP P123E3

▲千倉生まれのハリウッド俳優、早川雪洲の肖像画も

---

④ ポルトメゾン ルームス
ぽるとめぞん るーむす

伝説のダイバーゆかりのカフェ

映画『グラン・ブルー』のモデルとなったフリーダイバー、ジャック・マイヨールが何度も訪れたというカフェ。イタリアンプリンやカフェ・オレ・マイヨール715円など、氏が愛したメニューは今も健在。

☎0470-43-1008 住南房総市千倉町川口301 ¥・時8～20時LO 休不定休 交JR千倉駅から車で10分 P5台 MAP P123E3

▲人気メニューのイタリアンプリン660円

約1km ／約5分

🚲 レンタルOK 返却OK

⑤ 道の駅ちくら・潮風王国
みちのえきちくら・しおかぜおうこく

海鮮充実！ 開放的な道の駅

地元で水揚げされた鮮魚や海鮮が自慢のレストラン、南房総の特産品を中心に揃えるみやげ処などが入る。南房総の食文化であるクジラ肉を加工・調理する食事処もあるのでチェックしてみて。

☎0470-43-1811 住南房総市千倉町千田1051 時9～17時（一部店舗により異なる）休水曜（祝日の場合は営業、1～3月・8月は無休）交JR千倉駅から車で13分 P130台 MAP P123E4

ローズマリー公園 ①
千歳駅
410
297
慶誠院 卍
瀬戸
千倉駅
内房線
瀬戸浜海水浴場
北朝夷
南千倉海水浴場
千倉橋脇交差点
高家神社 ②
能蔵院 卍
神明神社
荒磯魚見根神社 卍
ポルトメゾン ④ ルームス
410
太平洋
③ ちくらアートな海の散歩道
⑤ ちくら・潮風王国
N
1km

約1.8km 約10分

約6km ／約25分

GOAL!

JR 千倉駅

圧巻のパフォーマンスに感動！
鴨川シーワールドで海の動物と過ごす

鴨川シーワールドは、日本で唯一のシャチパフォーマンスが人気です。
海風が気持ちいいテーマパークで、海の動物たちとのふれあい体験を。

パフォーマンス

絶対に見逃せないのが動物パフォーマンス。多彩な技を披露する動物たちの能力の高さや、トレーナーとのコンビネーションにも注目。

シャチパフォーマンス

シャチの巨体が落下する際の豪快な水しぶきや、トレーナーとの息の合った演技は必見。前から8段目までの座席はびしょ濡れゾーンなので、ポンチョなどで対策を。

イルカパフォーマンス

バンドウイルカによる、スピード感あふれるジャンプが魅力。テールウォークやスーパーダッシュ、ハイジャンプなど、身体能力の高さを目の当たりにできる。

▶複数のイルカによるコンビネーションジャンプが見事

▶巨体が水面から飛び出す姿は迫力満点！

鴨川シーワールド
かもがわしーわーるど

海の生き物とふれあえるテーマパーク

海の動物を間近に見ることができるのが魅力の水族館。パフォーマンスや生息環境をリアルに再現した展示などを通して、動物たちの能力や生態を学ぶことができる。海沿いにあるため、開放感も抜群。

☎04-7093-4803 鴨川市東町1464-18 入場3300円（2DAYSチケットは4950円）9〜16時（季節・曜日により変動あり）不定休（詳細は公式サイトで確認）JR安房鴨川駅から無料送迎バスで約10分 1200台（1日1200円）MAP折込表・鴨川シーワールド周辺B1

▼コミカルな動きが微笑ましい

アシカパフォーマンス

アシカファミリーの休日をテーマにしたパフォーマンス。ボールを使った技など、芸の多彩さに驚かされる。ラストのアシカの笑顔も必見。

▼イルカが出す超音波を可視化して解説

ベルーガパフォーマンス

目隠しした状態で超音波を使って水中の障害物を避けるなど、ベルーガ（シロイルカ）の「超能力」を解説。

 ここで会える！海の動物たち

水槽やプールに海の動物たちが暮らしている。ぜひ会っておきたい動物たちをご紹介。

カマイルカ
マイルカ科カマイルカ属。おもに北太平洋に生息している。鎌のような背ビレが特徴で動きが俊敏

セイウチ
セイウチ科・セイウチ属。ユーラシア大陸〜北米大陸の北極海に生息。長いキバとヒゲが特徴。

ゴマフアザラシ
アザラシ科ゴマフアザラシ属。体長は160〜170cm前後。灰色の背中に黒いまだら模様がある。

ディスカバリーガイダンス

コミュニケーションや記念写真など、動物たちとふれあえる有料プログラム。当日参加チケットが必要なので入館したら最初に案内所で購入しておこう。

笑うアシカと記念写真

パフォーマンスでも満面の笑みを見せてくれたアシカとの記念撮影。お持ちのカメラで係員が撮影してくれる。

◀アシカパフォーマンス終了後に実施。1組1500円（最大5名）

イルカの海 コミュニケーションタイム

イルカにサインを出して、トレーナー気分を味わえる。サイン通りに軽快なジャンプをしてくれるのが感動的。

イルカと記念写真

プールサイドでポーズを決めるイルカと一緒に記念撮影。お手持ちのカメラで係員が撮影。

◀イルカパフォーマンス終了後に実施。1組1500円（最大5名）

ベルーガにタッチ

マリンシアターの裏側で、ベルーガの真っ白なおでこにタッチできる。どんな肌触りなのか自分の手で確かめてみよう。

▲1日2回。1名1050円／定員10名 ※4歳以上

▲1日2〜4回開催。1名850円／各回定員30名 ※4歳以上

必見スポット

パフォーマンスやディスカバリーガイダンスの合間に、水槽展示やプールエリアの見学を組み込もう。ぜひ見ておきたいおすすめの展示はこの2つ。

トロピカルアイランド

熱帯のサンゴ環礁を6つのエリアに区切って再現。サンゴ環礁の沖合を再現した水深7.5mの「無限の海」は必見。

◀「無限の海」にはエイやサメも泳ぐ

Kurage Life（クラゲライフ）

約10種類のクラゲが見られる参加体験型の展示施設。不思議な姿を眺めながら、クラゲの生態や多様性を学べる。

◀クラゲがライトに浮かび上がる幻想的な空間

グルメ＆おみやげ

館内はグルメスポットも充実しているのでランチもおまかせ。海の動物をモチーフにしたアイテムはおみやげにぜひ。

シャチとランチ

レストラン「オーシャン」では、シャチが泳ぐ姿を窓越しに見ながら食事を楽しめる。

▲千葉県産ポークとハヤシソースの「シャチライス」1330円

◀水槽前の席は入店時にリクエストしよう

おみやげ探し

バザールコート「ラオイ」など、館内のショップにはかわいいおみやげがいっぱい。

▲オリジナルフェイスエコバッグ各1650円。顔の部分がポケットになっていて便利

◀ジャンボシャチのぬいぐるみ5920円。抱き枕になる大型サイズ

▲シャチくじ1回1000円。スピードくじでシャチのぬいぐるみをゲット

エトピリカ

ウミスズメ科ツノメドリ属。オホーツク海などの沿岸部に生息。全長約40cmで水中を飛ぶように泳ぐ。

オウサマペンギン

ペンギン科オウサマペンギン属。南太平洋やインド洋の亜南極の島に生息。ペンギン科のなかでは2番目に大きい。

アカウミガメ

ウミガメ科アカウミガメ属。体長は最大1mほどになる。世界中の海に広く分布し、鴨川海岸にも産卵に来る。

カクレクマノミ

スズメダイ科クマノミ亜科。太平洋やインド洋のサンゴ礁で見られる。イソギンチャクと共生。

フレッシュフルーツを存分に 味覚狩りで旬を味わう

南房総では季節を感じるフルーツ狩りも楽しめます。
イチジクやビワなど、温暖な気候が育んだ旬の味覚を味わいましょう。

イチジク
8月中旬〜
10月下旬

3月には
苗作り体験も

❶広々としたハウスでイチジクを栽培 ❷広大な敷地にカフェやハウスが並ぶ ❸イチジク狩りでは5個まで完熟イチジクを持ち帰り可能 ❹完熟イチジクをもぎ取ろう ❺併設のカフェではジャムなどを販売。いちじくスイーツショップT・P・F ⏱10〜16時 休水・木曜 ❻完熟いちじくパフェ980円。イチジク収穫時期以外はコンポートなどを使用 ❼ファームでは自宅で栽培したい人のための各種講座を開催。詳細は問い合わせを

【館山】

たてやまぱいおにあふぁーむ
館山パイオニアファーム

南房総の新名物、イチジク狩りを体験

南房総の新しい名産品、イチジク狩りを楽しめる施設。4種類のイチジクを栽培しており、その時に食べごろを迎えた完熟イチジクを楽しめる。いちじくアイスやパフェが食べられるカフェも併設。

☎0470-29-7209 住館山市正木441 ¥いちじく狩り1500円（試食ともぎ取り5個までが付く）⏱1日4回。10時30分、11時30分、13時、14時（要予約）休水・木曜、荒天時 交JR館山駅から車で10分 P20台 MAP P122C1

栽培している
イチジクは4種類

桝井ドーフィン
一般的にイチジクといえばこれ。懐かしい味わい

ロングドゥート
熟しても緑色のままの珍しいイチジク

ネグローネ
甘みと酸味のバランスがいい。ひと口サイズ

ブルジャソットグリース
鮮やかな果肉のコクのあるイチジク

※もぎ取れる品種は天候や時期によって異なります。

旬のフルーツを贅沢に使った
タルトはいかが？

JR館山駅のそばにあるブーランジェリー スルジェは地元で人気のパン屋さん。季節のフルーツを贅沢に使ったタルトを心待ちにするファンも多い。夏から秋はイチジクタルト432円が登場。
☎0470-23-1077 **MAP**折込表・館山A1

イチゴ
1月上旬〜
5月上旬

真っ赤なイチゴを食べ放題で味わおう

館山
たてやまいちごがりせんたー
館山いちご狩りセンター

食べごろイチゴを心ゆくまで

6軒のイチゴ農家による共同経営の農園。「紅ほっぺ」や「章姫」、「やよいひめ」など、複数の種類を栽培している。イチゴ狩りは摘みながらの食べ放題（30分）で楽しめる。予約不要の先着順。売店ではみやげ用イチゴの販売もある。

おみやげ用のパックイチゴも充実

☎0470-22-3466 **住**館山市山本257-3 **¥**要問合せ **営**1月上旬〜5月上旬の9〜15時（1月2・3日は10時〜）**休**期間中無休 **交**JR館山駅から車で10分 **P**100台 **MAP**P122C2

マスクメロン
通年

メロンは1個2000円〜。買い取りなので吟味して収穫を

千倉
やすだのうえん
安田農園

メロン一筋の夫婦が営むメロン農園

1100㎡以上のガラス温室内には最高級の「マスクメロン」がずらりと並ぶ。入園料には甘みのある「マスクメロン」1/4カットの試食が含まれる。8月下旬〜11月中旬限定で30分間の食べ放題2000円も実施予定。丹精込めて作られたメロンをぜひみやげに持ち帰ろう。

ハウス栽培のため通年収穫できる

☎0470-44-0820 **住**南房総市千倉町瀬戸27 **¥**入園600円〜（試食付）**営**9〜16時（要予約）**休**不定休 **交**JR千倉駅から車で5分 **P**15台 **MAP**P123E2

ビワ
（ハウスもの）
5月上旬〜
下旬

ビワは3個からもぎ取りできる

富浦
ほづみ・びわらんど
ほづみ・びわランド

富浦の名産品、高級ビワを贅沢に

ハウス栽培のビワを収穫できる施設。濃いオレンジ色で、実がふっくらとしたものを選ぶのがコツ。ビワが旬を迎える1カ月だけの営業。ビワを使ったスイーツも販売している。

果実が大きい房州ビワ。ビワ狩り体験は全国的にも珍しい

☎0470-33-4888 **住**南房総市富浦町大津9 **¥**もぎ取り3個1000円〜（予定）など **営**5月上旬〜下旬の9〜17時（要確認）**休**期間中無休 **交**JR富浦駅から車で5分 **P**30台 **MAP**P119A4

ミカン
10〜1月
レモン
10月〜
5月下旬
など

温州みかんや甘夏など、さまざまな柑橘狩りを楽しめる

千倉
ちくらおれんじせんたー
千倉オレンジセンター

海を眺めながらミカンの食べ放題

海を望む山の南斜面に約2500本ものミカンの木がある農園。秋〜冬にかけては「温州みかん」、冬〜春は「ハッサク」や「甘夏」「清見オレンジ」などいろいろな柑橘類を収穫できる。コスモスなどの花の摘み放題ができるほか、オートキャンプ場も併設。

温州ミカンは冬に旬を迎える

☎0470-44-0780 **住**南房総市千倉町久保1494 **¥**入園500円 **営**9〜17時 **休**無休 **交**JR千倉駅から車で5分 **P**50台 **MAP**P123E2

📖 「房州びわ」の名で親しまれるビワは果実が大きいのが特色。明治42年（1909）以来、皇室へ献上されています。

海鮮丼・おらが丼・タンタンメン
南房総のご当地グルメを味わいましょう

海に囲まれた南房総で味わいたいのが、新鮮魚介を使った料理の数々。
勝浦名物「勝浦タンタンメン」も、ぜひ味わって欲しい逸品です。

1日限定20食。
（先着順・予約不可）
17種のネタに挑む

千倉
しゅんさいあじどころ はまのごう
旬菜味処 浜の郷

南房総でとれる魚を中心に刺身や
煮魚などで提供。なかでも人気の大
漁丼は地魚を中心に17種類のネタ
を集めた店主渾身のひと品。丼の中
に南房総の旬の魚が詰まっている。
繁忙期は席の予約がおすすめ。

☎0470-44-5600 🏠南房総市千倉町
瀬戸2909-1 🕐11時〜14時30分LO、
17時30分〜20時最終入店 🚫月曜（祝
日の場合は翌日）🚋JR千倉駅から徒歩10
分 🅿15台 **MAP**P123E2

大漁丼
1848円
白身や光モノ、貝類など、
地魚を中心に作るのが基
本。ネタはその日の仕入
れによって毎日替わる

靴を脱いでゆったりと過ごせる

館山
たてやまなぎさしょくどう
館山なぎさ食堂

みなとオアシス"渚の駅"たてやま（☞
P74）の2階。海鮮丼などの和食メニュ
ーとパスタなどのイタリアンメニューを
提供。網元直営だけあって魚の鮮度は
抜群。

☎0470-28-4927 🏠館山巿館山1564-1
🕐8時〜10時30分LO、11時〜14時30分LO
（土・日曜、祝日は8〜10時LO、11〜15時
LO。火曜は11時〜のみ。カフェは〜16時30
分LO）🚫無休（臨時休業あり）🚋JR館山駅か
ら徒歩15分 🅿91台 **MAP**折込表・館山A2

みそ汁は貝汁かアオサ
みそ汁への変更も可

丸六水産海鮮丼
2280円
朝どれの海鮮がたっぷり
のった人気メニュー。小
鉢、みそ汁付き

伊勢海老のペスカトーレ2680円も人気

海を見ながら朝どれ地魚を堪能

ジュージューと香ばしい 浜焼きもぜひ

漁師料理たてやまの一番人気は自分で焼く浜焼きバイキング3500円。店内の生簀にいる新鮮魚介や肉、野菜が食べ放題。房総の味覚で満腹になろう。☎0470-22-1137 **MAP**折込表・館山B3

勝浦
がんそ かつうらしきたんたんめん えざわ

元祖 勝浦式担々麺 江ざわ

昭和29年（1954）に初代店主が作った担々麺が、勝浦タンタンメンの元祖といわれている。昔ながらの絶妙な辛さの王道の味を満喫しよう。☎090-4410-5798 **住**勝浦市白井久保296-8 **時**11時30分〜18時（スープがなくなり次第終了）**休**月曜、臨時休業あり **交**JR勝浦駅から車で15分 **P**20台 **MAP**P121D4

著名人のサイン色紙が人気店の証

辛すぎないスープが好評

担々麺 880円
ラー油とひき肉、タマネギとたっぷりの長ネギが入っているのが特徴

新鮮なサザエを使ったおらが丼

鴨川
かわきょう

川京

安房鴨川駅から徒歩圏内にある、40年以上続く食事処。注文を受け、店内の生簀から取り出したサザエを調理するおらが丼は、甘辛ダレとの相性が抜群。刺身定食1100円などもある。☎04-7092-1076 **住**鴨川市横渚1117 **時**12〜15時、17〜22時 **休**第2・4・5木曜（臨時休業あり）**交**JR安房鴨川駅から徒歩2分 **P**3台 **MAP**折込表・鴨川シーワールド周辺A1

1階には掘りごたつ式のテーブル席がある

さざえおらが丼 1200円
一瞬だけ火を通したコリコリのサザエが絶品。最後にかける鰻ダレも◎

鴨川
ぼうそううまいものや ふじよし

房総美味いもの屋 藤よし

地元の食材をふんだんに使った魚介料理を提供。おらが丼は、キンメダイのしょうが焼丼、地魚の塩天ぷら丼（季節により変更）、アジのたたき丼と、一度に3種類の味を楽しめる。☎04-7099-0840 **住**鴨川市横渚1222-1 **時**11〜21時LO **休**無休 **交**JR安房鴨川駅から徒歩7分 **P**60台 **MAP**折込表・鴨川シーワールド周辺A1

広々とした駐車場がある

3つの味を楽しむおらが丼

おらが丼（房総三彩丼） 1580円
3種類あるので飽きずに食べられる

📖 鴨川のご当地グルメ「おらが丼」。「おらが」とは房州弁で「私の」という意味で、店ごとにさまざまな丼があります。

プラスαでお買物も楽しめる
南房総で居心地のいい自然派カフェ

ランチやひと休みで立ち寄りたいのがおしゃれなカフェ。
こだわりのアイテムを購入できる、素敵なカフェを集めました。

日替わりおからマフィン1個
356円〜、ハンドドリップコ
ーヒー324円〜

こちらも
Check!

フェアトレードのコ
ーヒー豆100g
745円〜

環境や健康にやさ
しいエコストアの洗
濯洗剤756円など

▲大正時代に銀行として建てられた。
国の登録有形文化財
◀2階がカフェスペース。窓からは港
の風景が見える

館山
とれいくる まーけっと あんど こーひー
TRAYCLE
Market & Coffee

港近くのカフェで
フェアトレードコーヒーを

館山港の近くに立つ築100年ほど
のレトロな建物が目を引く。6カ国
7種類から選べるフェアトレードコ
ーヒーや、身体にやさしいおからマ
フィンなどを提供。1階はフェアト
レード商品や伝統工芸品、環境に
やさしいエコ商品などを販売する
ショップになっている。

☎0470-49-4688 🏠館山市館山95-
70 ⏰11〜18時（イートインは〜17時）
🈺月〜水曜 ※変更となる場合あり。公式
サイトで要確認 🚉JR館山駅から徒歩20
分 🅿4台 MAP P122C2

自然をコンセプトにした店内。ペット連れOKの離れもある

季節の野菜を
使った五目ちら
し寿司。2week
ランチの一例

南房総
れりーさ ざっか あんど だいにんぐ かふぇ
Lerisa Zakka & Dining Cafe

こだわり雑貨とやさしいランチ

落ち着いた空間で、地元の季節野菜をたっぷ
りと使った創作家庭料理を楽しめる店。2週
間ごとに入れ替わる2weekランチ880円〜
は、ヘルシーで彩りも鮮やか。カフェで使って
いる器やハーブティー、アロマアイテムなど、
身体にやさしい雑貨の販売も行う。

☎0470-29-5924 🏠南房総市富
浦町多田良1054-1 ⏰10時30分
〜17時30分（ランチは15時LO）
🈺木・金曜 🚉JR富浦駅から徒歩
15分 🅿12台 MAP P122B1

こちらも
Check!

種類豊富なアロマ
オイル。左からユー
カリ、ローズウッド、
レモングラス

カフェで使って
いる木製汁椀
1584円

植物に彩られたエントランス

はちみつの食べ比べは
いかが？

Café123の隣に立つひふみ養蜂園は
創業70年以上の老舗。南房総エリアで
とれるはちみつ商品を販売しており、定
番の菜の花やラベンダー、さくらなど、
花ごとの味の違いを楽しめる。
☎0120-123-832 **MAP** 折込表・館山B1

南房総 ● お買い物もできる自然派カフェ

館山
ぐらすびー

grass-B

自家製バジルソ
ースが決め手の
ジャノヴェーゼピ
ッツァ1100円

木々に囲まれた一軒家カフェ

山の中腹にたたずむ遊び心いっ
ぱいの隠れ家カフェ。敷地のい
たるところにハーブが植えられ、
アンティークな調度品が並ぶ店
内はさわやかな香りで満たされ
ている。料理やケーキ、ドリンク
にも、自家製ハーブをふんだん
に使用。数に限りはあるが、ハー
ブを使ったアイテムも
購入できる。

☎0470-23-4980 住
館山市岡田527 ⏰12〜
16時 LO 休第2・4水曜、
木・金曜 交JR館山駅から
車で15分 P12台 **MAP**
P122C3

▶ペットと一緒に
過ごせるウッドデ
ッキのテラス席
▼ユニークな形
の店内は光が差
し込む心地よい
空間

こちらも
Check!

ハーブが香る手
作りハーブオイル
600円。ハーブビ
ネガーもある

手作りハー
ブクッキー
350円

館山
かふぇひふみ

Café123

はちみつたっぷりの料理を満喫

はちみつ店に併設のカフェ。地元農家がつく
る野菜や自家製はちみつを使った料理とスイ
ーツを味わえる。テーブルに置かれたはちみ
つは使い放題なので、お好みの甘さに調整し
ていただこう。みつばちソフト500円などのテ
イクアウト商品も人気。

☎0470-23-5348 住館山市八幡515 ⏰11〜16
時 休月・水曜（祝日は営業） 交JR館山駅から徒歩15
分 P5台 **MAP** 折込表・館山B1

▲和の風情たっ
ぷりの店内
▶重厚な店構え。
門の奥には庭が
広がりテラス席も
ある

蜂蜜屋さんの
フレンチトースト
1200円

こちらも
Check!

名産のビワか
ら集めたびわ
はちみつ180g
2400円

国産はちみつに
食塩無添加のナ
ッツを漬け込ん
だハニーナッツ
180g1500円

📖 冬でも七暖かく一年中はちみつがとれる南房総。東北の養蜂家が冬の前に巣箱を運び、大切なハチを越冬させています。

海辺の楽園「edén」でリラックス
頑張る自分にご褒美はいかが？

勝浦の海辺に誕生した「edén」は、スパを中心とした施設が集まる"楽園"。
海を眺めながらスパで身体をほぐして、おいしいものをいただきましょう。

えでん
edén

海辺でリゾート気分を満喫

2022年、かつうら海中公園の敷地内に誕生したスパやレストラン、ショップが集まる2階建ての複合施設。オールオーシャンビューを天候に左右されず楽しめるのが魅力。海を眺めながらリゾート気分を味わおう。

住勝浦市吉尾272 **休**無休 **交**JR鵜原駅から徒歩15分 **P**170台(有料) **MAP**折込表・勝浦A2

Spa

Restaurant、Shop

すぱ
Spa

天然温泉でリラックス

建物の2階にある水着着用のスパ。内風呂と温泉プールには、美肌効果があるという「濃溝温泉 千寿の湯」が注がれている。サウナもあり、海を眺めながらリラックスしたひとときを楽しめる。

☎0470-64-6377 **¥**1時間1320円＋入湯税150円 **◯**10〜21時(最終受付19時)※予約不可

ビューテラス
屋外プールの脇にあるテラス。デッキチェアで海を眺めながらゆったりとくつろげる

展望塔で 海中と海上の 景観を楽しむ

帰りに立ち寄りたいのが、沖合い60mに立つ「かつうら海中公園センター 海中展望塔」。海上展望室からは勝浦の海岸美を、海中の展望室では窓越しに海の生物などを観察できる。
☎0470-76-2955
MAP折込表・勝浦A2

屋外プール
穏やかな海との一体感を味わえるインフィニティ温泉でリラックスしよう

サウナ
大きな窓がとられたサウナもオーシャンビュー。サウナのすぐ脇にある、キンキンに冷えた水風呂も好評

内湯
大きな窓は全開にすることもでき開放感抜群。ゆったりした浴槽ラウンジでくつろぐこともできる

サウナで ととのう

セルフロウリュはいかが？
サウナでは、サウナフレグランスを使ってセルフロウリュを楽しめる。ととのいタイムを満喫しよう。

れすとらん
Restaurant
地元海鮮を使った地中海料理

建物の1階にあるのが、地元で水揚げされた魚介を使った地中海料理レストラン。パエーリャやタパスなどの単品メニューのほか、ランチセット3200円（2名より）なども。ドラフトビールやナチュラルワインなどのドリンクも揃う。
☎0470-64-6370 ⏰11～21時（20時LO）※予約可

❶天気がいい日には屋外テラス席も気持ちいい ❷屋外には足湯もあり、足を温めながら絶景を楽しめる ❸大きな窓から明るい日が差し込む開放的な空間 ❹パエーリャ・デルマーレ（シーフード）4500円

しょっぷ
Shop
厳選した地域の特産品

施設の入口には、厳選された商品を販売するコーナーがある。塩や蜂蜜など地元生産者とコラボした食品や、Tシャツやマグカップなどのロゴ入りオリジナルグッズが並ぶ。
⏰10～21時

養老渓谷の養蜂家とコラボした蜂蜜。左からカラスザンショウ、マテバシイ各150g1000円

❶厳選された商品が並ぶ ❷オリジナルサウナハット5500円

📖 各施設は季節により営業時間が変更になる場合も。スパは定員に達すると入場規制があります。

ココにも行きたい

南房総・勝浦のおすすめスポット

おかもとさんばし（はらおかさんばし）
岡本桟橋（原岡桟橋）

レトロで貴重な木製桟橋

原岡海岸のほぼ真ん中にある、全国でも数少ない木製の桟橋。ロケ地としても知られ、フォトジェニックなスポットとして人気。富士山のシルエットと桟橋のコラボ写真が撮影できる。**DATA**☎0470-28-5307（南房総市観光協会）住南房総市富浦原岡地先 ¥休見学自由 交JR富浦駅から徒歩10分 P20台 **MAP**P122B1

だいふくじ（がけかんのん）
大福寺（崖観音）

崖に彫られた岩肌のご本尊

通称「崖観音」とよばれる観音堂。地元漁民の海上安全と豊漁を祈願して行基が彫ったと伝わる岩肌の十一面観音が本尊。階段を上った先にある観音堂からは、館山湾を一望できる。**DATA**☎0470-27-2247住館山市船形835 ¥拝観無料 時8時～16時30分（納経所は8時30分～）休強風時は参拝不可 交JR那古船形駅から車で5分 P20台 **MAP**P122C1

みなとおあしすなぎさのえきたてやま
みなとオアシス"渚の駅"たてやま

絶景の立ち寄りスポット

海に面して立つ、海と陸とをつなぐ交流拠点。地場産品やおみやげを扱うマルシェやレストランがあり、2階のデッキからは館山湾を一望できる。漁業に関する資料を展示する渚の博物館や海辺の広場も要チェック。**DATA**☎0470-22-3606住館山市館山1564-1 ¥時施設により異なる 休交JR館山駅から車で5分 P約100台 **MAP**折込表・館山A2

しろやまこうえん
城山公園

高台から館山湾を一望

春の桜をはじめ、四季折々の花に彩られる。園内には『南総里見八犬伝』の資料を展示する館山城と、里見氏に関する資料などを展示する博物館本館がある。**DATA**☎0470-22-8854住館山市館山362 ¥散策無料（館山城・館山市立博物館本館の入館は400円）時休散策自由 交JR館山駅から車で10分 P130台 **MAP**折込表・館山A3

あわじんじゃ
安房神社

格式高いパワースポット

約2700年前から伝わる古社で、安房国の一宮。主祭神・天太玉命（あめのふとだまのみこと）は、産業の総祖神として崇敬されている。春は桜、初夏は新緑、秋は大銀杏の紅葉と、境内は四季の趣に彩られる。**DATA**☎0470-28-0034住館山市大神宮589 ¥拝観無料 時6～18時ごろ 休無休 交JR館山駅から車で20分 P45台 **MAP**P122B4

のじまさきとうだい
野島埼灯台

房総半島最南端の灯台

灯台の上にある展望台から見る太平洋は、地球が丸いことを実感させてくれる。灯台内のミニ展示室には野島埼灯台の歴史解説も。**DATA**☎0470-38-3231住南房総市白浜町白浜630 ¥参観寄付金300円 時9～16時（季節・曜日により異なる）休荒天時 交JR館山駅から車で25分 P市営無料駐車場利用100台 **MAP**P122C4

さとのむじ みんなみのさと
里のMUJI みんなみの里

無印良品がプロデュース

無印良品による総合交流ターミナル。旬の農産物や地域の物産品の販売所のほか、無印良品の店舗やカフェなどが入る。カフェは2023年4月にリニューアルされ、地元野菜をたっぷり楽しめるサラダバーがスタートした。**DATA**☎04-7099-8055住鴨川市宮山1696 ¥時休施設・内容により異なる 交JR安房鴨川駅から車で25分 P120台 **MAP**P119C3

おおやませんまいだ
大山千枚田

四季の移ろいを感じる棚田

大小375枚の田んぼが階段のように連なる絶景スポット。東京から一番近い棚田として知られ、「日本の棚田百選」にも選定されている。水を張った春や濃緑の夏、稲穂が実る秋など、季節によってさまざまな表情を見せる。**DATA**☎04-7099-9050（棚田倶楽部※火曜は休み）住鴨川市平塚540 ¥時休見学自由 交JR安房鴨川駅から車で20分 P20台 **MAP**P119C3

うばらりそうきょう
鵜原理想郷

詩人に愛された静かな入り江

リアス式海岸の岬一帯を占める景勝地。複雑な自然造形は与謝野晶子をはじめとする多くの文人墨客に愛された。遊歩道が整備され、洞穴やトンネルを抜けていくと神秘的な景色が広がる。**DATA**☎0470-73-2500（勝浦市観光協会）住勝浦市鵜原 ¥時休入場無料 交JR鵜原駅から徒歩7分 P5台 **MAP**折込表・勝浦A2

🍣 鮨やまと館山店
すしやまとたてやまてん

新鮮な握りを手軽に味わえる

南房総を代表す
る水産会社が運
営する寿司店の1
号店。熟練の目利
きが漁港で直接
買いつけた鮮度
抜群のネタを楽し
める。寿司はレー

ンで運ばれるので、気軽に注文できる。
DATA ☎0470-23-2070 🏠館山市北条
1321-12 ⏰11〜22時 🈳無休 🚉JR館山駅
から車で5分 🅿45台
MAP 折込表・館山B1

🍴 BINGOバーガー
びんごばーがー

ボリューミーな和牛バーガー

国産牛100%の
パテは180gの超
大型サイズ。地元
野菜や薄手のバ
ンズなど、こだわ
りのハンバーガー
を楽しめる。スー
パービンゴバーガ

ーは単品1690円。**DATA** ☎0470-36-
1234 🏠南房総市川田82-2 道の駅 三芳村
鄙の里 ⏰11〜16時(パテがなくなり次第終了)
🈳木曜(祝日は営業) 🚉富津館山道路富浦IC
から車で15分 🅿70台 **MAP** P123D1

🍕 Pizza Indy's
ぴざ いんでぃーず

モチモチの本格ナポリピザ

手作りにこだわる
ナポリピザの店。
薪窯でしっかり焼
き上げたピザは、
もちもちでパリッ
とした絶妙な焼き
上がり。ベーコン
&トマト&季節の

野菜ピザ1350円。プラス380円でサラダ
セットにできる。**DATA** ☎0470-44-0599
🏠南房総市千倉町牧田167-1 ⏰11〜18時
🈳火・水曜 🚉JR千倉駅から歩5分 🅿8台
MAP P123E2

🍲 愚為庵
ぐいあん

古民家でいただく女将手作りの
懐石料理

200年以上も前に建
てられたと伝わる庄
屋の母屋で、女将手
作りの「雅流懐石」
を提供。完全予約制
で、女将おまかせの
コースは4400円〜。自園や近隣でとれる

旬の素材が使われており、季節を感じなが
ら食事を楽しめる。**DATA** ☎0470-68-
5927 🏠御宿町上布施2194 ⏰11時30分
〜21時30分 🈳無休 🚉JR御宿駅から車で5
分 🅿6台 **MAP** P121E4

🍴 おーぼんあくいゆ
おーぼんあくいゆ

勝浦唯一のフレンチビストロ

勝浦の四季の食材
をふんだんに使った
フレンチの店。イノシ
シスペアリブの煮込
み1600円などのジ
ビエ料理もあり、ワイ
ン片手に気軽に料理
を楽しめる。ディナー

は要予約。**DATA** ☎0470-62-6165 🏠勝
浦市勝浦77 ⏰11〜14時、17時30分〜22時
(金曜は17時30分〜、土曜は11時〜) 🈳日曜
🚉JR勝浦駅から徒歩10分 🅿1台 **MAP** 折込
表・勝浦周辺B3

🍽 SEA DAYS
しーでいず

おしゃれでヘルシーなくつろぎカフェ

メンバー制フィッ
トネスに併設され
るカフェ。海での
時間を楽しむため
のリビングのよう
な空間で、ヘルシ
ーなカフェメニュ
ーを提供。2階の

テラスからは館山湾を一望。**DATA** ☎
0470-29-5380 🏠館山市北条2307-52
⏰10時〜16時30分LO 🈳月・木曜(祝日の場
合は翌日) 🚉JR館山駅から歩5分 🅿25台
MAP 折込表・館山A1

🍴 木村ピーナッツ
きむらぴーなっつ

濃厚なピーナッツソフト

栽培から販売まで
を手がけるピーナ
ッツの専門店。看
板メニューのピー
ナッツソフト470
円は、ピーナッツ
の濃厚な風味が
閉じ込められたプ
レミアムな味わい。

各種ピーナッツみやげも揃う。**DATA** ☎04
70-22-3488 🏠館山市下真倉236-3 ⏰9
〜18時 🈳無休(1月に休みあり) 🚉JR館山駅
から車で10分 🅿15台 **MAP** 折込表・館山B3

🍽 古民家レストラン ごん べい 棚田カフェ
こみんかれすとらん ごんべい たなだかふぇ

テラス席から眺
める絶景棚田に
うっとり♪

房総を代表する
棚田・大山千枚田
に隣接して立つ食
事処&カフェ。店内の座敷や、すぐ近くにあ
る棚田倶楽部のテラス席で飲食ができる
ほか、一部メニューはテイクアウトも可能。
DATA ☎04-7099-9052 🏠鴨川市平塚
546-1 ⏰10〜16時 🈳火曜(祝日の場合は
翌日) 🚉JR安房鴨川駅から車で20分 🅿20
台 **MAP** P119C3

🍽 Hula-Hana
ふら はな

ハワイアン気分でまったりタイム

海岸から徒歩2分
ほどの場所にある
ダイニング。ロコモ
コ1210円などの
食事メニューや、
チョコ&バナナダ
ブル825円などの
パンケーキを提

供。ハワイアンミュージックが流れる店内
や、ペットOKのサンルーム席で楽しもう。
DATA ☎0470-62-6199 🏠御宿町浜558
⏰11〜15時 🈳火〜金曜 🚉JR御宿駅から徒
歩10分 🅿6台 **MAP** P121E4

📖 館山湾は波が静かなことから「鏡ヶ浦」ともよばれます。北条海岸からは、海越しに富士山が見えることも。

ふむふむコラム fumu fumu

歴史はなんと400年以上！
勝浦朝市で旬を見つける

400年以上の歴史を誇り、日本三大朝市のひとつに数えられる勝浦朝市。
露店に並ぶ野菜や果物、魚介類など、勝浦の旬を見つけましょう。

かつうらあさいち
勝浦朝市

☎0470-73-2500（勝浦市観光協会）🏠勝浦市浜勝浦・勝浦 🕐6時30分～11時ごろ（目安）休 水曜 🚉JR勝浦駅から徒歩10分 🅿近隣駐車場利用 MAP 折込表・勝浦駅周辺B3

下本町通りの朝市の様子。第2日曜とあって賑わっていた

{ ## 水曜日以外は毎日開催
2カ所で開かれる伝統の朝市 }

朝市の始まりは天正19年（1591）、農水産物の交換の場として開設されたと伝わる。当時は10日を区切りに上本町、仲本町、下本町を移動して無休で開催されていたという。戦後になり、仲本町通りだけで開催された時期もあったが、昭和62年11月からは毎月1日から15日までは下本町通り、16日から月末までは仲本町通

りで開催されることになり、毎週水曜が休業日となった。現在では、農水産品や干物、はちみつ、わらび餅などのほか、さまざまなものが販売されており、最も賑わう日曜には40店ほどが出店する。なかでも毎月第2・第4日曜には同じ場所で「Katsuura朝市shareマルシェ」も開催され、多くの人で賑わいをみせる。

いろいろな野菜を少しずつ50以上も通い続ける店主もいる

朝市の開催場所を示す看板

勝浦で見つかる旬の魚介類

カツオ
2～6月、9～10月
春の初ガツオはさっぱり、秋の戻りガツオはこってり。

アジ
4～12月
刺身や干物、なめろうと、幅広く食べられる人気の魚。

サザエ
5～8月
6～7月は禁漁期。荒磯に育つものは角が長いとか。（諸説アリ）

イセエビ
8～11月
禁漁明けの8月からが旬。活造りのほかさまざまな調理法で。

キンメダイ
10～4月
冬の風物詩といえばコレ。料理人が腕を振るう煮付けが美味。

うまみが詰まった旬野菜

フキノトウ
1～2月
春を告げるさわやかな苦み。天ぷらや和え物などで

タケノコ
3～5月
新鮮な朝採りタケノコはひと味違う。急いで下処理しよう。

トマト
6～8月
夏野菜の代表格。いろいろなサイズの露地物が一斉に並ぶ。

サツマイモ
9～11月
安納芋や紅はるかなどが中心。食べ比べも楽しい。

ダイコン
12～2月
もっともポピュラーな冬野菜。魚の煮付けとの相性が抜群。

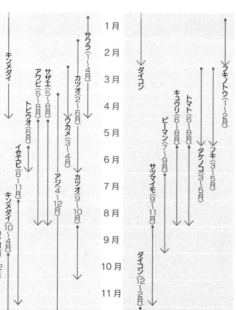

	1月	2月	3月	4月	5月	6月	7月	8月	9月	10月	11月	12月
キンメダイ（10～4月）												
サワラ（1～4月）												
アワビ（6～8月）												
サザエ（5～8月）												
カツオ（2～6月）												
トビウオ（6月）												
ワカメ（3～4月）												
イセエビ（8～11月）												
アジ（4～12月）												
カツオ（9～10月）												
キンメダイ（10～4月）												
カサゴ（11～12月）												
ダイコン												
キュウリ（6～8月）												
トマト（6～8月）												
ピーマン（7～9月）												
サツマイモ（9～11月）												
タケノコ（3～5月）												
フキ（3～5月）												
フキノトウ（1～2月）												
ダイコン（12～2月）												

レトロな街並みや歴史的なスポットが残る
成田・佐原・銚子で街さんぽ

年間1000万人以上の参拝客が訪れる成田山新勝寺をはじめ、
水運業で栄えた小江戸・佐原など歴史あるみどころが点在。
房総半島をさらに東へと向かい、関東最東端の銚子へ。
のんびりと歴史さんぽと海街めぐりを楽しみましょう。

これしよう！
水郷佐原でレトロさんぽ

江戸時代の面影を残す佐原を
のんびりおさんぽ。タイムスリップ
気分を楽しもう（☞P84）。

これしよう！
成田山新勝寺を
おまいり

日本屈指の名刹はご利益も
いろいろ。国の重要文化財
も見逃せない（☞P80）。

これしよう！
新鮮な海鮮料理を
いただきます！

銚子ではマグロやイワシな
ど、水揚げされたばかりの魚
介に舌鼓（☞P94）

佐原では和雑貨探し
も楽しみ

江戸時代から栄えた歴史ある街

成田・佐原・銚子

なりた・さわら・ちょうし

こんなところ

房総半島の北東部に広がるエリア。成田の
市街中心部には、1000年以上の歴史をもつ
成田山新勝寺があり、多くの参拝客が訪れ
る。「江戸まさり」と称されるほど水運業で
栄えた佐原は、昔ながらの商家町の風情が
残り、レトロなムードが魅力。関東最東端に
位置する銚子は、豊かな海の幸が味わえる。

access

【鉄道】JR東京駅から成田駅まで
総武線、総武・成田線で1時間10
分。京成上野駅から京成成田駅ま
で1時間5分。JR成田駅から佐原
駅まで成田線で30分。JR佐原駅
から銚子駅まで成田線で45分。
JR東京駅から銚子駅まで総武線
特急しおさいで1時間50分。
【クルマ】●成田ICから成田山新勝
寺まで国道295号経由で4.4km
●佐原香取ICから佐原市街まで
県道55号経由で4.5km
●横芝光ICから銚子市街まで
国道126号経由で35.5km、佐原香
取ICから国道356号経由で37km。

問合せ
☎0476-22-2102
成田市観光協会
☎0478-52-6675
水郷佐原観光協会駅前案内所
☎0479-22-1544
銚子市観光協会

〜成田・佐原・銚子周辺 はやわかりMAP〜

佐原の文化財建築
千葉県の有形文化財に指定される建物も多く、商店を営むところもあるので、買い物がてら立ち寄って。

銚子電鉄
のどかな銚子の街を走るローカル鉄道。移動手段のみならず、観光気分で乗りたい電車。

鹿島サッカースタジアム

北浦

鹿島線
延方
潮来 51
十二橋 潮来IC 124
佐原 外浪逆浦
佐原PA
香取 水郷 鹿島港
下総神崎 大戸 佐原香取IC 鹿島灘
神崎IC 356
下総IC
滑河
成田線
久住 小見川
大栄 成田線 笹川 356
成田 大栄IC **2** 小江戸さわら舟めぐり
大栄PA 下総橘
成田スマートIC 下総豊里 124 犬吠埼灯台 **4**
新空港自動車道 124 利根かもめ大橋
成田国際空港 椎柴
3 農園リゾート THE FARM
成田IC 芝山千代田 猿田
新空港IC 倉橋 松岸
富里IC 総武本線 飯岡 銚子
東関東自動車道 **1** 成田山表参道 旭 銚子
409 296 干潟 126 銚子電鉄
八日市場 **銚子**
飯倉 外川
横芝光IC
横芝 九十九里ビーチライン
松尾 太平洋

0 N 10km

観光のヒント
3エリアを回るなら 1泊2日がおすすめ!
成田で参道グルメ&成田山新勝寺まいり、佐原でショッピングやおさんぽを楽しんで、佐原か銚子に宿泊。翌日は銚子で観光や海鮮グルメを。成田&佐原のみなら日帰りも可能。

成田・佐原・銚子のおすすめスポット

1 成田山表参道
成田駅から成田山新勝寺へと伸びる参道には食べ歩きグルメやみやげ店がズラリ。名物のうなぎ屋さんも多数。

2 小江戸さわら舟めぐり
佐原の中心街を流れる小野川を約30分かけてめぐる。古い街並みを川面からのんびり眺めよう。

3 農園リゾート「THE FARM」
香取市の豊かな自然に囲まれたリゾート。グランピングでの宿泊やサウナも楽しめる日帰り温泉施設もある。

4 犬吠埼灯台
関東最東端に立つ白亜の灯台。99段のらせん階段を上って、展望スペースから大海原の眺めを堪能しよう。

成田・佐原・銚子

恋愛から出世まで、多彩なご利益の
成田山新勝寺へおまいり

1080年以上の歴史をもつ日本屈指の名刹・成田山新勝寺。
江戸時代に創建された5つの重要文化財は見逃せません。

① そうもん 総門
精緻な彫刻が美しい高さ
15mの総欅造りの門。楼
上には8体の生まれ守り
本尊が奉安されている。

なりたさんしんしょうじ
成田山新勝寺

霊験あらたかな
真言宗智山派の大本山

平将門の乱を鎮めるため、寛朝大僧正により天慶3年（940）に開山。以来、「成田山のお不動さま」と信仰を集め、年間1000万人以上が参拝に訪れている。広大な敷地には多数のお堂や公園などもあり、パワースポットも多い。

☎0476-22-2111 住成田市成田
Ⓨ⑭休境内自由 交JR・京成成田駅
から徒歩15分 P周辺駐車場利用
MAP折込表・成田山新勝寺B1

おすすめルート

1 総門 → 2 仁王門 → 3 三重塔 → 4 大本堂 → 5 釈迦堂 → 6 額堂 → 7 光明堂 → 8 醫王殿

ゆっくり
回って
1時間

御朱印もチェック！

成田山では、大本堂、釈迦堂、光明堂、出世稲荷、醫王殿、平和大塔で御朱印がもらえる。

大本堂

◀ご本尊の不動明王を表す梵字の朱印入り

平和大塔

◀力強い梵字で不動明王を表している

出世稲荷

◀開運出世の荼枳尼天（だきにてん）の御朱印

❷ におうもん
仁王門 重文

江戸時代に再建。門の左右に密迹金剛、那羅延金剛の二尊が奉安され、門の裏には仏心を招く広目天、福徳を授ける多聞天が安置される。

❸ さんじゅうのとう
三重塔 重文

五智如来が奉安された、総高約27mの一の塔。通称「一枚垂木」とよばれる垂木部分に張られた、極彩色の板幹が特徴。

❹ だいほんどう
大本堂

ご本尊の不動明王が奉安されており、開運成就、商売繁盛などにご利益がある。御護摩祈祷が行われる中心道場でもある。

❺ しゃかどう
釈迦堂 重文

安政5年（1858）に建立されたかつての本堂。釈迦如来を本尊として普賢、文殊、弥勒、千手観音の四菩薩が奉安されている。厄除けお祓いの祈祷所。

❻ がくどう
額堂 重文

信徒から奉納された額や絵馬などをかける建物。江戸時代に奉納された貴重な絵馬に注目したい。七代目市川團十郎が寄進した石像もある。

❼ こうみょうどう
光明堂 重文

釈迦堂のさらに前の本堂で、建立は元禄14年（1701）と江戸時代中期の貴重な建造物。日大如来、愛染明王、不動明王を奉安。

❽ いおうでん
醫王殿

健康長寿と病気平癒の祈願所。木造総檜、一重宝形造のお堂には、薬師瑠璃光如来や日光菩薩月光菩薩、十二神将を奉安する。

📖 みどころを解説しながらガイドしてくれる無料のボランティアガイドもあります。興味のある人は大本堂前の案内所で申し込みを。

成田まいりのお楽しみ 表参道でグルメ＆ショッピング

成田山新勝寺へと続く表参道は食べ歩きやおみやげの宝庫。
おまいりと合わせて参道さんぽを楽しんで。

成田山表参道って？

江戸時代から栄えた門前町

成田駅前から成田山新勝寺へと続く約800mの参道は、門前町として江戸時代から栄えたところ。当時の面影を映す入母屋造りの木造三階建ての建物もあり、風情たっぷり。参道沿いには、食べ歩きやみやげ探しにぴったりな店が軒を連ねている。

交JR・京成成田駅からすぐ MAP折込表・成田山新勝寺A2

JR・京成成田駅から成田山新勝寺までは、ゆっくり歩いて15分ほどの道のり

Ⓐ おみやげ処 しばらく

和装小物をメインに、ダルマや招き猫といった縁起グッズが揃う。注目はバラエティ豊富な成田市のゆるキャラ「うなりくん」グッズ。

☎0476-22-0557 住成田市花崎町531-10 ⏰10〜17時 休不定休 交JR・京成成田駅から徒歩4分 Pなし MAP折込表・成田山新勝寺A2

まあるいフォルムがラブリー

うなりくんぬいぐるみミニ
550円
愛らしい表情とコロンとしたかたちがポイント！

← 酒々井駅

JR成田線

JR成田駅
参道口
成田市観光案内所 ℹ️

我孫子駅・佐原駅・成田空港駅→

JR・京成成田駅から参道さんぽSTART！

← 酒々井駅

京成成田駅

京成本線 成田空港駅・芝山千代田駅→

京成成田駅

Ⓐ

Ⓑ

Ⓒ

Ⓑ 金時の甘太郎焼

北海道産の豆で作るあずき餡と白餡を、薄皮生地にたっぷり包んだ甘太郎焼を販売。職人技が光る焼き加減も絶妙！

☎0476-22-0823 住成田市花崎町525 ⏰9時〜売切れ次第終了 休7月下旬〜8月31日 交JR・京成成田駅から徒歩4分 Pなし MAP折込表・成田山新勝寺A2

ガラス越しに作る様子が見られる

餡がたっぷり！

甘太郎焼 1個150円
表面をカリッと焼き上げた皮と餡がマッチ。焼きたてをぜひ！

Ⓒ 下田康生堂 ぱん茶屋

ウナギの老舗だった店が営むベーカリー＆カフェ。贅沢にうなぎのかば焼きを包んだうなぎパンは注目の1品。好きな具材を選べるコッペパンも人気。

☎0476-22-0396 住成田市上町551 ⏰10〜18時（カフェは〜17時LO）休火曜 交JR・京成成田駅から徒歩7分 Pなし MAP折込表・成田山新勝寺A2

ウナギを手軽にどうぞ

うなぎパン
691円
隠し味のホワイトソースと鉄砲漬がウナギの旨みを引き立てる

昔ながらの店構え

成田には約60店のウナギ店があります

成田では印旛沼で獲れる川魚がよく食べられていました。江戸時代になると成田参詣や歌舞伎鑑賞に訪れる客へのもてなしとして、栄養価の高いウナギが振る舞われるようになったそう。

せんべいの種類が多くて悩みそう

香ばしい焼き立て！

串せん しょうゆ（左）100円 みたらし（右）150円
特徴的な割れ目のしょうゆと、青のり付きのみたらしの2種を用意

Ⓓ 林田のおせんべい
（はやしだのおせんべい）

創業は大正元年（1912）という老舗のせんべい店。国産米を使い、店内で手焼きする様子を見ることができる。食べ歩きには串に刺した「串せん」がおすすめ。
☎0476-22-0138 ⓗ成田市幸町490 ⓒ9〜17時 ⓗ月曜（祝日の場合は翌日）ⓧJR・京成成田駅から徒歩9分 ⓟなし ⓂAP折込表・成田山新勝寺A2

Ⓔ 三芳家
（みよしや）

いなかしるこやあんみつなど丁寧に手作りする甘味を、庭園を眺めながら楽しめる。成田の銘菓を扱うショップも併設。
☎0476-22-2147 ⓗ成田市仲町386-2 ⓒ10〜17時（1・5・9月は無休）ⓗ水曜 ⓧJR・京成成田駅から徒歩10分 ⓟなし ⓂAP折込表・成田山新勝寺A2

ホッとする味わい

クリームあんみつ 980円
プラス500円でドリンクセットに変更可能

Ⓕ 川豊本店
（かわとよほんてん）

この道50年以上の板長が腕を振るウナギの名店。ふっくらと焼き上げたウナギを100年以上継ぎ足し続けるタレが絶品。木造3階建ての建物は国の登録有形文化財だ。
☎0476-22-2711 ⓗ成田市仲町386 ⓒ10〜17時LO(7・8月は〜18時LO) ⓗ無休 ⓧJR・京成成田駅から徒歩10分 ⓟなし ⓂAP折込表・成田山新勝寺A2

味わい深いタレ

上うな重（お新香付）3900円
ウナギ1匹分を使っているので食べごたえ十分！

成田●表参道でグルメ＆ショッピング

11 なごみの米屋 P.99
後藤だんご屋
イタリアンテラス アルボル P.99
成田ゆめ牧場
成田観光館ⓘ
成田山新勝寺 P.80

ツヤめくウナギに舌鼓

うな重（きも吸い・お新香付）3960円
タレには下総醤油と三河みりんを使用

Ⓖ 駿河屋
（するがや）

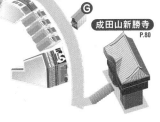

元は江戸時代に創業した旅館のウナギ料理専門店。さばきたてのウナギを炭火で焼き上げるため、注文から30分ほど時間がかかる待つ価値あり！☎0476-22-1133 ⓗ成田市仲町359 ⓒ11〜16時LO（土・日曜、祝日は10時〜）ⓗ木曜（1月は無休）ⓧJR・京成成田駅から徒歩12分 ⓟなし ⓂAP折込表・成田山新勝寺A1

📖 表参道には成田ゆめ牧場（→P98）の直営店があり、新鮮な牛乳で作るチーズケーキやソフトクリームを販売しています。

小江戸佐原のレトロタウンを のんびりおさんぽ

江戸時代の面影を今に残す佐原の町は、時間の流れもゆったり。
町家のショップに立ち寄りながらおさんぽを楽しんで。

➕ 佐原ってこんなところ

江戸時代に栄えた商家町

利根川の水運業で栄え、"江戸まさり"と称される
ほど隆盛を誇った佐原。町の中心に流れる小野川
沿いには当時の建物が数多く残され、なかには昔
からの家業を引き継いで今も営業を続ける店も。
懐かしさを感じさせる街並みは歩くだけでも楽しい。

[問合せ] ☎0478-52-6675（水郷佐原観光協会駅前案内所）
[アクセス] JR成田駅からJR成田線で30分、
JR佐原駅下車
[広域MAP] 折込裏D2

[おすすめコース]
Start → ① → ② → ③ → ④ → ⑤ → Goal
JR佐原駅 → 徒歩15分 → 小江戸さわら舟めぐり → 徒歩3分 → ワーズワース → 徒歩6分 → 与倉屋大土蔵 → 徒歩3分 → 伊能忠敬記念館 → 徒歩すぐ → 珈琲 遅歩庵いのう → 徒歩12分 → JR佐原駅

ぐるっと回って約3時間

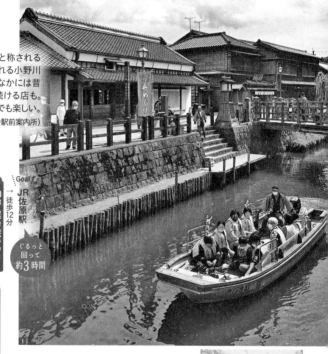

成田へ 佐原
100m
36 55 千葉銀行 下堀通り
佐原関戸
佐原郵便局
ワーズワース②
山田屋呉服店
小江戸さわら舟めぐり①
珈琲 遅歩庵いのう⑤
伊能忠敬記念館④
与倉屋大土蔵③
忠敬橋
佐原町並み交流館

① 小江戸さわら舟めぐり

街並みを眺めながら小野川をゆく観光舟

樋橋（ジャージャー橋）のたもとから万代橋までの間を約30分かけて往復する観光船。船頭さんの案内に耳を傾けながら見上げる景色は、地上からとはひと味違った趣が感じられる。雨天時には屋根付き、冬はこたつも登場するので、年間を通じて乗船できるのも魅力。

☎0478-55-9380（ぶれきめら）🏠香取市佐原イ1730-3 ¥乗船1300円 ⏰10時〜15時30分（季節により変動あり）休不定休※天候による運休あり🚃JR佐原駅から徒歩15分 Pぶれきめら駐車場利用29台（1回550円、8時30分〜17時※季節により変動あり）MAP折込表・佐原B3

①定員10名前後の小さな舟でのんびり舟めぐりが楽しめる ②佐原観光の目玉のひとつ ③船頭さんの案内も楽しい

小野川沿いのさわら町屋館にある「山田屋呉服店」では、着物・浴衣のレンタル＆着付け（4000円〜）を行っている。ヘアセットや撮影などのオプションも豊富。レトロな街並みでステキな写真撮影を。
☎0478-52-3217 **MAP**折込表・佐原B2

1 本日のパスタ（写真はアンチョビとシメジの塩味ピリ辛）に前菜、デザートが付くマルシェ1980円 2 人気があるのでなるべく予約を 3 デザートはティラミスなど好きなものを選べる

わーずわーす

② ワーズワース

材木店をリノベーションしたイタリア料理店

小野川沿いに立つ、どこか懐かしさを感じられる造りの人気店。旬の食材を取り入れた前菜やパスタが人気で、平日のランチはメインのパスタやピッツァなどにサラダ、パン、デザートなどが付くセットがおすすめ。
☎0478-50-0202 ⓗ香取市佐原イ491-1 ⓣ11〜14時LO.17時〜20時30分LO ⓧ水・木曜（要確認）ⓩJR佐原駅から徒歩10分 ⓟ8台 **MAP**折込表・佐原B2

外観からもその大きさが伝わってくる

よくらやおおどぞう

③ 与倉屋大土蔵

日本有数の大きさを誇る大土蔵

江戸後期から醸造業を営む与倉屋が、明治22年（1889）に醤油醸造用として建てた土蔵。その広さは500畳と、日本最大級の広さ。内部はイベント開催時などに見ることができる。☎なし ⓗ香取市佐原イ1370 ¥ⓣ ⓧ見学自由（外観のみ）ⓩJR佐原駅から徒歩15分 ⓟなし **MAP**折込表・佐原A3

いのうただたかきねんかん

④ 伊能忠敬記念館

佐原が誇る偉人の生涯や実績を知る

館の裏手には伊能忠敬像が立つ

初めて実測日本地図を作った人物で、佐原の名主として活躍した伊能忠敬の生涯を紹介。国宝に指定される2345点の資料を所蔵している。2カ月ごとに展示替えされる伊能図は見逃せない。☎0478-54-1118 ⓗ香取市佐原イ1722-1 ¥入館500円 ⓣ9時〜16時30分 ⓧ月曜（祝日の場合は開館）ⓩJR佐原駅から徒歩15分 ⓟ街並み観光駐車場利用（¥1回550円 ⓣ9〜17時）ⓧ無休 **MAP**折込表・佐原B3

年代順に忠敬の生涯を紹介している

こーひー ちぶあんいのう

⑤ 珈琲 遅歩庵いのう

江戸時代の漆器でおしるこを

代々佐原の名主を務める伊能家17代目の当主が営む。店内の一角には、当家に伝わる古美術などを展示するコーナーが設けられている。1杯ずつ丁寧に淹れるコーヒー500円や田舎しるこが定番メニュー。
☎0478-54-2335 ⓗ香取市佐原イ1721-12 ⓣ11時30分〜17時 ⓧ不定休 ⓩJR佐原駅から徒歩15分 ⓟ街並み観光駐車場利用（¥1回550円 ⓣ9〜17時）ⓧ無休 **MAP**折込表・佐原B3

1 日本茶付きの田舎しるこ750円。漆器も湯呑み茶碗も貴重な江戸時代のもの！ 2 店内には約150年前の欄間も残る 3 佐原らしい格子戸が印象的

「山田屋呉服店」では、着物や浴衣のほかに袴やレース着物のプラン、キッズ向けの忍者衣装のレンタルなどもあります。

古き良き時代の風情を感じながら
佐原の町家＆古民家でお食事を

町家や古民家を改装したレストランやカフェも佐原のお楽しみのひとつ。
内装にも目を凝らしながら、各店こだわりの味を堪能してはいかが？

▲ メインを選べる吉彩コース
3410円。写真は房総ポークの
マスタード焼き、前菜とスープ
▼ 吉彩コースに付くスイーツの
盛り合わせ

▲ 約100年前のランプを使用

▲ 昔のしつらえを極力活かし
た内装で、ガラス窓も建築当時
のものを使っている

◀掘りごたつ式の
個室

▶庭園は5月頃
にはサツキやツ
ツジ、秋は紅葉
と四季の風景
が広がる

おーべるじゅ ど ま の わーる きってい
オーベルジュド マノワール 吉庭

**800坪の日本庭園を眺めながら
季節の素材を活かした創作料理を**

築130年ほどの古民家を改装したレストラン。
見事な日本庭園を眺めながら、銚子港の鮮魚
や房総ポーク、地元産の野菜などを使ったフレ
ンチベースの創作料理が味わえる。個室やバー
コーナー、1組限定の宿泊施設もあり、贅沢な
時間が過ごせる。

☎0478-55-0350 ⏲香取市佐原イ789-2 🕐11時
30分〜15時（13時30分LO）、17時30分〜22時 ⏰月
曜（祝日の場合は翌日）🚃JR佐原駅から徒歩5分 🅿12
台 MAP P125F1

関東地方初の
重要伝統的建造物群
保存地区です

江戸時代に水運業で栄えた佐原は、小野川両岸に商工業者が軒を連ねていました。当時の街並みを活かしたまちづくりに取り組み、平成8年(1996)には関東地方で初めて「重要伝統的建造物群保存地区」に選定されています。

▼築100年以上の古民家をレトロモダンな雰囲気に

てうちそば かきょうあん
手打ち蕎麦 香蕎庵

フレンチとそばの美味なる融合を
日本家屋で楽しむスペシャルな体験

元フレンチのシェフがオープン。ランチには手打ちそばとフレンチのコースが楽しめる。こだわりのそばは、北海道産と茨城産のそば粉をブレンド。地元のかずさ和牛や銚子港の鮮魚、契約農家の有機野菜など、随所にこだわりが感じられる。

☎0478-79-6101 住香取市佐原イ3844-2 ⏰11時30分～13時30分LO、17時30分～19時30分 (完全予約制) 休火・水曜 交JR佐原駅から徒歩8分 P6台 MAP折込表・佐原B1

1 前菜とメインが選べてパン、スイーツが付く季節の蕎麦膳3300円。写真は銚子港から届いたカンパチとホタルイカのカルパッチョ(+300円)、かずさ和牛赤身のステーキを玉ねぎと醤油のソースで(+800円) **2** 二八そばは香り高く喉ごしも抜群 **3** 古民家で味わうワインも趣深い

かんみいなえ
甘味いなえ

蔵を改装した
ギャラリー併設のカフェで
絶品甘味でひと休み

明治期に建てられた町家や土蔵を利用したカフェ。地元の食材を利用した食事や甘味はもちろん、かき氷も人気が高い。企画展などを行うギャラリーもある。

☎0478-54-7575 住香取市佐原イ511 ⏰10時30分～17時 (夏期は10時～17時30分) 休水曜 交JR佐原駅から徒歩10分 Pなし MAP折込表・佐原B3

1 ほうじ茶クリームあんみつ800円 **2** 爽やかな香りと酸味がクセになる和三盆すだちかき氷900円 **3** 町家の1階をカフェとして利用

📖 レトロなムードが残るレストランは人気が高いので、週末やお祭の時期はなるべく予約をしてから訪れるのがおすすめです。

佐原でのんびり歩いて見つけた キュートな和雑貨たち

レトロな街並みを歩きながら、のんびりショップめぐり♪
友達へ、自分への素敵な和雑貨がたくさん見つかります。

御朱印帳
各1760円
華やかな模様の美濃和紙を貼った御朱印帳は種類も豊富 A

美濃和紙の張り子
4400円
ぽってりとしたフォルムがかわいい。季節に合わせてデザインはさまざまにラインナップ A

香皿　1430円
丹花（お香）
スティック20本770円
コーン22個1650円
香皿は3タイプの香立て付き。お香は香木とフランスの香水を合わせたエレガントな香り A

真田紐キーホルダー
各500円
鎧兜や帯締めに使われてきた真田紐をアレンジ。アクセントのチャームがキュート B

小江戸手ぬぐい　各1500円〜
江戸時代から明治時代の型紙を用いて当時の染め方で作っている。10cm150円〜の切り売りもOK D

巾着袋　各800円
小江戸手ぬぐいなどの手ぬぐいをあしらったミニサイズの巾着 B

なみきなかのすけしょうてん
並木仲之助商店 A
和紙とお香がずらり
明治時代から日用品を扱う商家で、現在は各地から集めた和紙やお香を販売している。
☎0478-54-2585 住取市佐原イ502 ⏰10〜16時 休月・水曜 交JR佐原駅から徒歩10分 Pなし MAP折込表・佐原B3

▲明治25年（1892）に建てられた重厚感のある建物も魅力的

ふくしんごふくてん
福新呉服店 B
オリジナルの和雑貨
文化元年（1804）創業。和雑貨やオリジナルの雑貨が揃う。店の奥に展示された昔の道具も見逃せない。
☎0478-52-3030 住香取市佐原イ505 ⏰10時30分〜17時30分 休不定休 交JR佐原駅から徒歩10分 Pなし MAP折込表・佐原B3

▲建物は千葉の有形文化財

おみやげには 造り酒屋の 日本酒もおすすめです

古くから日本酒づくりが盛んだった佐原。江戸時代から続く東薫酒造では、事前予約で酒蔵見学が可能。自慢の日本酒を販売する売店も併設しています。☎0478-55-1122 MAP折込表・佐原A3

房州うちわ 2200円～
竹の丸みを活かした伝統的な作りで、片面は和紙、もう片面は布を貼った両面タイプのオリジナルうちわ C

バターナイフ 370円～
木の温もりが感じられる竹製バターナイフ。いろいろな形があるので好みで選んで D

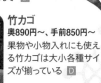

竹カゴ
奥890円～、手前850円～
果物や小物入れにも使える竹カゴは大小各種サイズが揃っている D

和傘 1500円
風情ある和風のデザインと、壊れにくい24本の骨でリピーターも多い人気の品 E

曲げわっぱ 2570円
大分県の日田杉を使ったお弁当箱。他にも四角やお重など種類もいろいろ D

和風タペストリー 各1100円
麻に和風の絵をあしらったタペストリーは、手軽なインテリアにぴったり E

なかむらやしょうてん
中村屋商店 C

手作り雑貨も人気
千葉県の有形文化財に指定される趣ある建物で、手作りの和風エプロンや和雑貨を扱うショップ。雑貨のほか、佐原の人気レストランが製造するスイーツも販売している。
☎0478-55-0028 住香取市佐原イ1720 時10～16時 休不定休 交JR佐原駅から徒歩10分 Pなし MAP折込表・佐原B3

うえだやあらものてん
植田屋荒物店 D

竹細工の日用品が満載
宝暦9年（1759）から代々日用雑貨を扱う老舗店。竹製のザルやカゴ、箸などは、素朴な魅力にあふれている。奥の蔵には陶器の器なども並ぶ。
☎0478-52-2669 住香取市佐原イ1901 時9時30分～16時30分 休無休 交JR佐原駅から徒歩10分 P7台 MAP折込表・佐原B3

すっぴんや
素顔屋 E

丈夫な和傘が充実
手作りのバッグやポーチなど和小物が並ぶ。なかでも蛇の目傘を現代風にアレンジした和傘が人気。1点ものが多いため、気に入ったら即購入を！
☎0478-52-3338 住香取市佐原イ3396 時10時～16時30分 休不定休 交JR佐原駅から徒歩15分 P1台 MAP折込表・佐原B3

 文化財に指定される店舗では、代々家に伝わる伝統の品々を季節に合わせて展示しています。お買いものと合わせて見学するのも楽しいです。

大自然に囲まれた農園リゾートで スローな時間を過ごす

農園内にあるコテージやグランピングに滞在して、
収穫体験やサウナでリラックス。自然に寄り添うひとときを。

農園リゾート「THE FARM」

のうえんりぞーと「ざ ふぁーむ」

アクティビティも満載なリゾート

広大な敷地を誇る農園におしゃれな宿泊
施設や温泉、カフェレストランなどを併設。
すべての宿泊プランで収穫体験ができる
ほか、ブッシュクラフトやカヌー、ジップラ
インといったアクティビティも充実してい
る。野菜をたっぷり使ったメニューが揃う
レストランも魅力。
☎0478-79-0666 住香取市西田部1309-
29 ¥営休施設により異なる 交JR成田空港駅
から車で25分 P120台 MAP P125F4

グランピングテント
料金 1泊2食付1万9140円〜（温泉入浴・収
穫体験付）※2名利用時1名料金
時間 IN14時（テントの種類により異なる）
OUT10時

コテージ
料金 1泊2食付4万3120円〜
（温泉入浴・収穫体験付）
※2名利用時1棟料金
時間 IN14時（コテージの種
類により異なる）OUT10時

▲夕食は地元の食材
たっぷりのBBQ

ステイ中のお楽しみ

収穫体験
採れたて野菜を堪能！

年間を通じて60品目、100種類以上の野菜を栽培する農園で、滞在中は2回収穫体験ができる。収穫した野菜は夕食のBBQで焼いて食べても、持ち帰ってもOK。フレッシュな野菜は味が濃くて格別のおいしさ。

ファームショップ
野菜やグッズがズラリ

農園内のショップでは、収穫した旬の野菜やTHE FARMのロゴが入ったオリジナルグッズなどを販売。ディナーで楽しみたいワインや、採った野菜に合いそうな味噌やドレッシングも。おみやげの購入にもおすすめ。

アクティビティ
ミニ動物園やカヌーも！

園内にはミニ動物園があり、動物とのふれあいも楽しめる。その他、ジップインやブッシュクラフト体験、カヌーツーリングなど各種アクティビティも用意（一部は要事前予約・料金別途）。

ザ ファームカフェ
地元の食材を味わえる

「ザ ファームカフェ」では、バーニャカウダ（1628円）など農園野菜をたっぷり使ったメニューが揃う。拡張されたデッキ席では絶景を眺めながら食事を楽しめる。
☎0478-79-7100 ⏰10〜16時（15時30分LO）休無休

香取 ● 農園リゾートでスローな時間を過ごす

こちらもcheck！

▲外の景色を眺めながらサウナを体験できる

▲豚肉を楽しむ和ンプレート1480円（サラダ、味噌汁付き）

ザ ファーム食堂

新鮮な野菜や銚子産の魚、多古町産の元気豚など、千葉県産の食材をふんだんに使ったメニューがたくさん。サウナ上がりにぴったりな野菜のスムージーもおいしい。

おふろcafé「かりんの湯」

ナトリウム塩化物強塩泉の天然温泉やバレルサウナ、男女が一緒に入れるサウナなどを備える日帰り温泉施設。食堂や休憩スペースもあり、癒やしのひとときが過ごせる。

|料金| 120分コース840円（土・日曜、祝日は1390円）ほか
|時間| 7〜23時（土・日曜、祝日は10時〜）※最終入館は閉館1時間前、食事は11〜21時（20時30分LO）、ドリンクは11〜22時
|休館日| 無休

▲肌がすべすべになると評判

サウナガーデン

水着もしくは館内着で入る男女共有サウナ。30人以上が同時に入れる大型で、蒸気を発生させて発汗を促すタイプなので、サウナが苦手な人も利用しやすいのが特徴。

▲木の温もりが感じられるラウンジでひと休み

温泉・バレルサウナ

地下1500mから汲み上げた天然温泉は、内湯と露天風呂で楽しめる。セルフロウリュ式のバレルサウナやドライサウナもあり！

 本格的なキャンプサイトもあり、スタッフのサポート付きプランなども用意されているので、初めてのキャンプにおすすめです。

銚子電鉄に乗って
のんびりローカル列車の旅

片道約20分、ゆったり走る列車に揺られてプチ電車旅。
のどかな景色を眺めたり、途中下車してグルメや観光を楽しみましょう。

✚ 銚子電鉄って？

ユニークな企画やイベントでも話題

銚子駅〜外川駅の約6.4kmを走るローカル線。どこか懐かしいレトロ車両での不定期運行など、数々の斬新な企画で注目を集めている。近年は、人気アーティストのミュージックビデオの撮影が行われたことでも話題に。

☎0479-22-0316 🏠銚子市西芝町1438（銚子駅）💴初乗り180円、銚子駅〜外川駅片道350円 🕐銚子駅6時26分始発、20時45分最終。外川駅6時始発、21時15分最終。🅿無休 🚗銚子駅まではJR千葉駅から総武本線で約1時間40分 🅿なし MAP折込表・銚子・犬吠埼A2 ※運行時間などは変更となる場合があるので、お出かけ前に要確認

沿線の風景も楽しみ♪

銚子駅 ●ちょうしえき

縁起のいい"上り銚子（調子）"切符を販売

仲ノ町駅 ●なかのちょうえき

観音駅 ●かんのんえき

本銚子駅 ●もとちょうしえき

今となっては珍しいタブレット交換が見られる

笠上黒生駅 ●かさがみくろはええき

2分　2分　2分　6分

◀人気のしょうゆソフトクリーム324円

▲イワシカレー、サバカレー一缶各327円

▶カフェやベーカリーも併設

ちょうしせれくといちば
銚子セレクト市場

銚子のみやげがズラリ！

銚子の銘菓や海産物、農産物を中心に、千葉の名産品が並ぶ、みやげ探しにぴったりな1軒。特に醤油は充実の品揃え。休憩スペースもあり、ひと休みにも最適。

☎0479-26-3123 🏠銚子市双葉町3-6 🕘9時30分〜18時（土・日曜、祝日は9時〜18時30分）🚫無休 🚗JR・銚子電鉄銚子駅から徒歩7分 🅿48台 MAP折込表・銚子・犬吠埼A2

▲商売繁盛、人生必勝などのご利益がある。きつねみくじは500円

▲本堂前に鎮座する約5.4mの阿弥陀如来坐像

いいぬまさん えんぷくじ（いいぬまかんのん）
飯沼山 圓福寺
（飯沼観音）

銚子の観音様

坂東三十三観音霊場の第二十七番札所で、ご本尊は神亀5年（728）に漁師が引き上げたとされる十一面観音像。銚子の中心地にあり、厚く信仰を集めている。

☎0479-22-1741 🏠銚子市馬場町1-1 💴🕐境内自由（本堂の参拝は6〜17時）🚗銚子電鉄観音駅から徒歩3分 🅿50台 MAP折込表・銚子・犬吠埼A2

銚子 ● 銚子電鉄ローカル列車の旅

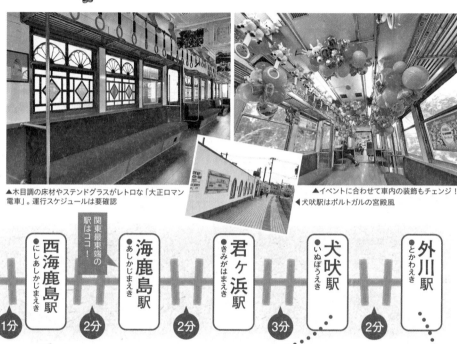

▲木目調の床材やステンドグラスがレトロな「大正ロマン電車」。運行スケジュールは要確認

▶イベントに合わせて車内の装飾もチェンジ！

◀犬吠駅はポルトガルの宮殿風

西海鹿島駅 にしあしかじまえき	**海鹿島駅** あしかじまえき ●関東最東端の駅はココ！	**君ヶ浜駅** きみがはまえき	**犬吠駅** いぬぼうえき	**外川駅** とかわえき	
1分	2分	2分	3分	2分	

▲ぬれ煎餅は1枚118円

◀「経営状況がまずい」にちなんだまずい棒は10本入り378円

▶改札のすぐ隣にある

いぬぼうえきばいてん
犬吠駅売店

銚電みやげならココ！

銚子電鉄を経営危機から救った、名物のぬれ煎餅をはじめ、ほかにはないユニークなオリジナルグッズを販売。駅名を記したキーホルダーなど銚電グッズも充実している。

☎0479-25-1106 住銚子市犬吠埼9595-1 時10〜17時(公式サイトを要確認) 休無休 交銚子電鉄犬吠駅構内 P15台 MAP折込表・銚子・犬吠埼B3

しょくどころ いたこまる
食処 いたこ丸

新鮮な地魚を提供

外川漁港の目の前に店を構える食事処。店主自ら海で獲ってきた魚や銚子漁港の新鮮な海の幸がメニューに並ぶ。刺身と揚げ物、小鉢などがセットになった定食がおすすめ。

▲刺身4点盛りと魚の揚げ物が付く、いたこ丸定食1300円 昼時は行列ができることも▶

☎0479-22-7199 住銚子市外川町1-10875 時10時30分〜14時(魚がなくなり次第終了) 休木曜 交銚子電鉄外川駅から徒歩5分 Pなし MAP折込表・銚子・犬吠埼B3

銚子電鉄の公式サイト（URL）https://www.choshi-dentetsu.jp/は沿線スポットのガイドや銚子電鉄存続とぬれ煎餅のストーリー、さまざまなコラボイベントの情報など、楽しいコンテンツが満載です。

キンメダイ、マグロ、イワシ…
銚子の新鮮な海の幸をいただきます

日本随一の水揚げ量を誇る銚子漁港。
銚子に来たら、獲れたて絶品の魚介グルメは欠かせません。

ちょうしこう まぐろぐら
銚子港 鮪蔵

銚子漁港第一卸売市場の目の前に店を構え、生のマグロと地魚にとことんこだわる人気店。この道50年以上の店主が、種類豊富で新鮮な地魚の食感や香りを活かして丁寧に調理している。人気は近海で獲れた生マグロがたっぷりの近海生マグロ丼2800円や、地魚がふんだんにのった海鮮丼。

☎0479-22-4000 **住**銚子市飯沼町186-104 **⏰**10時30分～14時30分LO、17～20時LO **休**不定休 **交**銚子電鉄観音駅から徒歩9分 **P**32台(銚子漁港第一卸売市場駐車場利用) **MAP**折込表・銚子・犬吠埼A2

マグロをはじめ、生にこだわる鮮魚は感動的なおいしさ!

▲カウンターのほかテーブル席もある
▶店内では水揚げされたばかりの生マグロが見られることも

海鮮丼（汁付き） 2800円
マグロ、イワシ、アブラボウズ、カツオ、シラス、アジのなめろうなど10種類以上の生の地魚がのる

深みのある煮汁がキンメの旨みをより引き立てる

きんめだい丸煮魚 時価
甘辛い煮汁が絡んだキンメダイが食欲をそそる。ライスセットは+330円

▲3階建ての店内はカウンター、椅子席、座敷、個室などもあって広々

いちやまいけす
一山いけす

創業約60年の鮮魚問屋が営む。店内中央にある生け簀から揚げる活魚を、刺身や寿司はもちろん、焼き魚、煮魚などさまざまな調理法でいただけるのがうれしい。店内の大きな窓から見える太平洋は絶景。

☎0479-22-7622 **住**銚子市黒生町7387-5 **⏰**11時～15時30分LO、17時～19時30分LO **休**木曜（祝日の場合は営業）**交**銚子電鉄笠上黒生駅から徒歩10分 **P**80台 **MAP**折込表・銚子・犬吠埼B2

梅雨の時期限定
とろけるほどに脂がのった
入梅イワシ

イワシ類の水揚げ量が全国1位の銚子。特に6〜7月の梅雨の時期に水揚げされる「入梅いわし」とよばれるマイワシは、丸々太って舌の上でとろけるほど脂がのっていて絶品です。

銚子 ● 新鮮な海の幸をいただきます

かんのんしょくどう どんや しちべえ
観音食堂 丼屋 七兵衛

青魚を独自の製法で漬けにした丼専門店。看板メニューは、青魚の臭みを抑えて旨みを引き出す特許製法の塩ダレと、特製の濃口醤油ダレで仕込んだサバの漬け丼。漬けにすることで余分な水分が抜けたサバはしっとり濃厚な味わい。

☎0479-25-3133 🏠銚子市飯沼町1-26 🕐10〜17時（16時30分LO）🚫水・木曜 🚃銚子電鉄観音駅から徒歩7分 🅿10台 **MAP**折込表・銚子・犬吠埼A2

▲生マグロ、赤マンボウなどの漬丼もある

銚子港で揚がる青魚を漬け丼で提供

▲700g以上のサバを使った極上サバ寿司は1680円。おみやげ用1650円

極上さば漬丼定食
1580円
※価格は変更の場合あり

濃厚なサバの旨みとたっぷりの香味野菜がマッチ

ボリュームたっぷりの鮮魚料理が評判

きんめづくし膳
2500円

刺身、漬け丼、天ぷらあら汁でキンメダイを堪能できる

▲マグロ、アジ、ヒラメ、キンメなど7種がのったづけちらし1800円

さかなりょうりみうら
魚料理みうら

旬にこだわる地魚を贅沢に使った、ボリュームたっぷりの料理が味わえる。脂がのったブランド魚「銚子つりきんめ」を刺身、天ぷらなどいろいろな調理法で楽しめるきんめづくし膳が人気。6〜7月の入梅の時期にはいわしづくし膳も登場。

☎0479-22-0915 🏠銚子市新生町1-36 🕐11〜19時（18時LO）🚫水曜（祝日の場合は営業）🚃銚子電鉄観音駅から徒歩9分 🅿20台 **MAP**折込表・銚子・犬吠埼A2

▲店内は広々としていてゆったり食事ができる

すし じろうや
鮨 治ろうや

外川漁港で水揚げされるキンメダイと地魚を握りで堪能できる店。握りの中でも新鮮なキンメダイを銚子の醤油で漬けにしてから香ばしく炙った「炙りキンメ」は店主自慢の1品。分厚い玉子焼きに包まれた伊達巻もぜひ味わいたい。

☎0479-22-0435 🏠銚子市外川町2-10608 🕐11時30分〜14時、17〜22時（土・日曜、祝日は11時30分〜22時）🚫不定休（予約可）🚃銚子電鉄外川駅からすぐ 🅿3台 **MAP**折込表・銚子・犬吠埼B3

▲伊達巻はおみやげにもできる。1本4500円、半分2500円

▲和のしつらえで落ち着いた雰囲気

銚子名物の伊達巻と地魚の握りに舌鼓

伊達巻と地魚入り
大漁握り 4500円

炙りキンメ2貫に季節の地魚8貫に郷土料理の伊達巻付き

📖 地魚にこだわる料理店では、天候や水揚げ量によってメニューが変わることも。どうしても食べたい魚がある場合は、前日に電話で確認しておくと安心です。

海景色を求めて銚子から九十九里へ
シーサイド・ドライブ

銚子からひと足のばして、海沿いの絶景スポットへ。
青空と海を眺める、爽快気分なドライブへ出発しましょう。

❶ 犬吠埼灯台
いぬぼうさきとうだい

銚子のシンボル的存在

高さ32mの白亜の灯台は、明治7年（1874）に
イギリス人技師ブラントンの設計で造られた。
99段のらせん階段を上ると展望スペースがあ
り、太平洋の絶景を一望できる。1階には資料展
示室があり、灯台に関する貴重な展示品が並ぶ。
2020年には国の重要文化財に指定された。

☎0479-25-8239 住銚子市犬吠埼9576 ¥参観寄
付金300円 時8時30分〜17時（10〜2月は〜16時）休
荒天時、建物のメンテナンス時 交銚子電鉄犬吠埼駅から徒
歩10分 Pなし MAP折込表・銚子・犬吠埼B3

▲灯台前にある
白いポストに投
函すると、風景
入りの消印を押
して発送される

▲展望スペースから見る
海の景色は迫力満点

▲太東埼灯台近くには海に
向かってベンチが並び、景
色を眺めるのに最適

ドライブ途中で
迫力の絶景を！

ぐるっと
回って
約5時間

・ドライブコース・	Start 佐原香取IC	❶ 犬吠埼灯台	❷ 屏風ヶ浦	❸ 玉前神社	❹ 釣ヶ崎海岸	❺ 太東埼灯台	Goal 市原鶴舞IC
	→約1時間	→約25分	→約1時間15分	→約15分	→約10分	→約40分	

犬吠埼は
日本一早い
初日の出が見られます

関東最東端に位置する犬吠埼は、山頂や離島を除けば日本一早く初日の出が見られる場所。水平線から朝日が昇る様子は感動的です。犬吠埼の海岸周辺や銚子ポートタワーなどが観賞スポットになっています。

びょうぶがうら
❷ 屏風ケ浦

ダイナミックな岩壁は迫力満点

海抜20〜60mの断崖絶壁が約10kmにわたって続く景勝地。波の侵食によってできたもので、イギリスとフランスの間にあるドーバー海峡の景観に似ていることから「東洋のドーバー」ともよばれている。
☎0479-24-8707(銚子市観光商工課) 🏠銚子市潮見町 ⏰💰🚻散策自由 🚉JR銚子駅から車で12分 🅿銚子マリーナ海水浴場駐車場利用100台 ⓂAP折込裏F3

▲断崖沿いに設けられた遊歩道から見学を

たまさきじんじゃ
❸ 玉前神社

町名の由来になったとされる古社

上総国の"一宮"で、月の満ち欠けや潮の満ち引きを司る玉依姫命を祭る。縁結びや子授けのご利益で知られるほか、「開運の波に乗れる」と波乗守1100円が話題。

▼季節の花などをあしらった期間限定の御朱印もステキ

☎0475-42-2711 🏠一宮町一宮3048 ⏰💰🚻境内自由 🚉JR上総一ノ宮駅から徒歩8分 🅿50台 ⓂAP折込裏D6

▲黒漆塗りの権現造りという珍しい社殿

つりがさきかいがん
❹ 釣ヶ崎海岸

**プロも集まる
サーフィンの聖地**

九十九里浜の南端に位置する海岸。よい波が打ち寄せることから、多くのサーファーに親しまれている。また、1200年以上の歴史を誇り、県指定無形民俗文化財の上総十二社祭りの祭典場でもある。
☎0475-36-7557(釣ヶ崎観光案内所) 🏠一宮町東浪見6961-7 ⏰💰🚻散策自由 🚉JR上総一ノ宮駅から車で10分 🅿150台 ⓂAP折込裏D6

▲2021年開催の東京オリンピックではサーフィン競技の会場になった

◀眺望を楽しむ格好のスポット

▲灯台の高さは15.9m。南房総国定公園にも指定されている

たいとうさきとうだい
❺ 太東埼灯台

**断崖上に立つ
絶景スポット**

九十九里浜の南端に立つ白亜の灯台。内部の見学はできないが、近くには太平洋の大海原を望む広場があり、海岸線の眺望が楽しめる。初日の出のスポットとしても有名。
☎0470-62-1243(いすみ市水産商工観光課) 🏠いすみ市岬町和泉3508-2 ⏰💰🚻外観のみ見学自由 🚉JR太東駅から車で10分 🅿9台 ⓂAP P121F1

ひと休み
海の幸を楽しもう

りょうしのみせばんや
漁師の店ばんや

漁師でもあるオーナーが、その日に獲った鮮魚を提供する。一番人気のばんや天丼は、イワシやエビ、アナゴなど約10種類を豪快に盛り付けた一品。3点盛りのなめろうもおすすめ。
☎0475-76-0071 🏠九十九里町不動堂450 ⏰10〜19時LO(土曜は9時30分〜19時30分LO、日曜は9時30分〜。時期により変動あり) 🚫火曜(季節により営業)※要問合せ 🚉JR東金駅から車で20分 🅿70台 ⓂAP折込裏D5

◀漁船を描いた看板が目印

◀食べごたえ満点のばんや天丼2365円

ゆっくり観光を楽しむなら、ドライブルートを逆から回って銚子で1泊するのもおすすめです。

ココにも行きたい

成田・佐原・銚子のおすすめスポット

かとりじんぐう
香取神宮

全国400社ある香取神社の総本社

古くから国家鎮護の神として皇室からの信仰も厚い、香取神社の総本社。ご祭神は日本書紀にも登場する経津主大神（ふつぬしのおおかみ）。元禄13年（1700）、5代将軍徳川綱吉により造営された本殿と、2階造りの楼門は国の重要文化財に指定されている。国宝の海獣葡萄鏡をはじめ国・県指定の文化財を200点以上所蔵・所有し、広大な境内にはみどころも多い。**DATA**☎0478-57-3211 住香取市香取1697 ¥¥休境内自由 交JR佐原駅から車で10分 P200台 **MAP** P125F1

▲本殿・幣殿・拝殿が連なる権現造り ▼楼門南側にある額は東郷平八郎の筆によるもの

ふなばしあんでるせんこうえん
ふなばしアンデルセン公園

アンデルセンの世界に浸る

デンマークの童話作家アンデルセンがテーマの公園。遊ぶ・見る・体験するといった楽しみが満載だ。メルヘンの丘ゾーンは撮影スポットも多数。**DATA**☎047-457-6627 住船橋市金堀町525 ¥入園900円 ⏰9時30分〜16時（変動あり）休月曜（祝日は無休）交新京成線三咲駅から新京成バスセコメディック病院行きで約15分、アンデルセン公園下車すぐ P1100台（有料）**MAP**折込裏B3

すいごうさわらあやめぱーく
水郷佐原あやめパーク

ハナショウブの名所

水辺の花のテーマパーク。特に150万本のハナショウブが咲く6月は多くの観光客で賑わい、あやめ祭りも開催される。**DATA**☎0478-56-0411 住香取市扇島1837-2 ¥入園600円（あやめ祭り期間中は800円、4月・9〜11月は200円、12〜3月は無料）⏰9時〜16時30分（イベント時は変動）休月曜（あやめ祭り期間中は無休）交JR佐原駅から車で18分 P500台 **MAP**折込裏E2

©香取市

けいせいばらえん
京成バラ園

1万株が咲き誇るバラの楽園

1600品種のバラが咲くローズガーデンを中心に、バラをテーマとしたショップやレストラン、カフェが集まる。季節ごとにさまざまなイベントも開催。**DATA**☎047-459-0106 住八千代市大和田新田755 ¥入園500〜1500円（季節により変動）⏰10〜17時（季節により変動あり）休不定休（4・5・10・11月は無休）交東葉高速鉄道八千代緑が丘駅から徒歩15分 P700台（有料）**MAP**折込裏B3

なりたふぁーむらんど
成田ファームランド

収穫体験やグルメも楽しめる観光農園

1〜5月はイチゴ狩り、6〜8月はブルーベリー狩り、9〜11月にはサツマイモ掘りと体験が充実。直売所では独自農法で育てた野菜や果物、プリンやバウムクーヘンといった加工品を販売している。バラやスイレンなど、四季の花々が咲くフラワーパークも人気。**DATA**☎0476-73-8314 住成田市所1199-1 ¥¥施設により異なる 休不定休 交JR佐原駅から車で12分 P100台 **MAP**P125E2

くにしていじゅうようぶんかざい・きゅうほったてい
国指定重要文化財・旧堀田邸

美しい庭園は必見

最後の佐倉藩主・堀田正倫（ほったまさとも）の邸宅で、現在は主屋、土蔵、門番所といった建物が残されている。県内でも名園と名高いさくら庭園は常時開放。**DATA**☎043-483-2390 住佐倉市鏑木町274 ¥入園350円 ⏰9時30分〜16時30分（最終入館は16時）休月曜（祝日の場合は翌日）交京成佐倉駅から徒歩20分 P10台 **MAP**折込裏C3

なりたゆめぼくじょう
成田ゆめ牧場

動物とのふれあいを楽しもう

都心から車で約1時間、動物たちがのびのびと暮らす観光牧場。動物とのふれあいや牛の乳しぼり教室など、多彩な体験が楽しめる。なかにはリードにつないだヤギとのさんぽ（10分300円）などユニークな体験も。新鮮な牛乳で作ったみやげも魅力。**DATA**☎0476-96-1001 住成田市名木730-3 ¥入場1600円 ⏰9時30分〜16時30分（土・日曜、祝日は〜17時。季節により変動あり）休不定休 交JR滑河駅から無料送迎バスで10分 P1000台（1台7000円）**MAP**P125D2

▲総勢50匹のモルモットがおり、エサあげもできる（要ネット予約）▼「ゆめこ」ちゃんがお出迎え

（いたりあんてらす あるぼる）

イタリアンテラス アルボル

大人なムードの隠れ家レストラン

成田山の表参道から
少し奥に入った場所
にあるイタリア料理
店。SPFポークロー
ストバルサミコソー
ス2178円など、安
心安全な地元産の肉や野菜を使った料理
はどれも絶品揃い。料理に合うワインも豊
富にラインナップしている。天気の良い日は
テラスも人気。**DATA** ☎0476-22-0281
住成田市上町556-1 営11〜23時 休火曜
交JR・京成成田駅から徒歩7分 **P**なし **MAP**
折込表・成田山新勝寺A2

（びすとろさばらん）

ビストロ茶葉蘭

地元産食材を活かしたフレンチ

銚子の新鮮な魚や
野菜を使った料理が
評判。メニューはオ
ードブル、スープ、メ
イン、デザートを数
種から選べるおまか
せコース4400円〜をはじめ、真鯛のポワ
レ1980円などのアラカルトやデザートも
豊富に揃っている。ランチはパスタ各種
800円〜などお手頃。**DATA** ☎0479-25-
3714 住銚子市末広町8-15 営11〜14時、
17〜21時LO 休月曜 交JR銚子駅から徒歩
5分 **P**2台 **MAP**折込表・銚子・犬吠埼A2

（ごとうだんごや）

後藤だんご屋

丹念に焼き上げるだんごが美味

創業は弘化2年（1
845）と歴史ある
甘味処。毎朝つく
餅でつくるだんご
など、創業時から
変わらぬ製法と味を守り続けている。焼き
団子やあんだんご各180円は、外はカリッ
と中はもっちりやわらかでクセになるおいし
さ。イートインもOK。**DATA** ☎0476-22-
2560 住成田市上町499 営10時30分〜
17時（16時30分LO）休不定休 交JR・京成成
田駅から徒歩8分 **P**なし **MAP**折込表・成田
山新勝寺A2

（こいするぶたけんきゅうじょ ふらっぐしっぷ すとあ）

恋する豚研究所 FLAGSHIP STORE

香取のブランドポークを堪能

自社開発の発酵飼
料で育てたブランド
ポーク「恋する豚」
のハムやソーセージ
を製造販売する。併設のレストランでは、し
ゃぶしゃぶ定食1903円などで自慢の豚肉
と県産野菜を味わえる。**DATA** ☎0478-
70-5115 住香取市沢2459-1 営11〜
15時（日曜、祝日は10時30分〜）、ティー
タイム15〜18時 休無休 交JR佐原駅か
ら車で20分 **P**55台 **MAP**P125E3

（あぶもせいゆ）

油茂製油

経験と職人技が生むごま油

寛永年間（1624〜44）の創
業以来、製油業を営む。ゴマを
炒る火加減や蒸す温度など、
経験によって培われた職人の
技が光る、伝統の「玉絞め」製
法を貫いている。香り高くやわ
らかな味わいのごま油は、肉や
サラダにも合う。香辛料を加え
たラー油45g450円〜もある。
DATA ☎0478-54-3438 住
香取市佐原イ3398 営9時30
分〜17時 休不定休 交JR佐原駅から徒歩15
分 **P**なし **MAP**折込表・佐原B3

（かしわやもなかてん）

柏屋もなか店

カラフルな最中がかわいい

佐原の銘菓と
して親しまれ
る最中の専門
店。北海道産
小豆や本物
のユズなど、こだわりの素材を使い、上品
な甘さに仕上げている。ひと口でパクリと
食べられるひと口もなか1個55円は、パス
テルカラーの皮がかわいい人気の品。つぶ
し、ゆず、黒糖あんと3種類から選べる。
DATA ☎0478-52-3707 住香取市佐原イ
569 営8時30分〜18時 休無休 交JR佐原
駅から徒歩5分 **P**8台 **MAP**折込表・佐原A2

（さかきばらとうふてん）

榊原豆腐店

明治時代から続く豆腐店

明治42年（1909）
創業。安心して食
べられるようにと
主に国産在来種の
大豆、くみ上げた
地下水を使うなど、
素材にこだわる豆腐店。卵不使用の豆乳
で作るスイーツも人気で、黒蜜きなこを
かけて食べる豆乳プリンはプレーン300円
や大納言小豆入りもある。**DATA** ☎0479-
22-9557 住銚子市外川町2-10927 営9〜
18時 休日曜 交銚子電鉄外川駅から徒歩2分
P1台 **MAP**折込表・銚子・犬吠埼B3

⛩ **御朱印がすてきな 神社へ！**

個性的な御朱印の神社をご紹介。

（まかたじんじゃ）

麻賀多神社

旧佐倉藩の総鎮守

縁結び、安産子授
けなどにご利益が
あり、パワースポッ
トとしても知られ
る。通常の御朱印
のほかに、季節ごとに変わるカラフルなイ
ラスト入りの御朱印が手に入る。**DATA**
☎043-484-0392 住佐倉市鏑木町933-
1 **Y⊙休**境内自由 交JR佐原駅から徒歩15
分 **P**15台 **MAP**折込裏C3

（なりたとよすみくまのじんじゃ）

成田豊住熊野神社

成田市旧豊住村の総鎮守

延長元年（923）に
紀州熊野大社より
分霊し創建。八方除
け、家内安全、安産
などのご利益を求め
多くの人が参拝に訪れる。季節の花や動
物などを描いた御朱印がユニーク。**DATA**
☎0476-37-0461 住成田市南羽
鳥76 **Y⊙休**境内自由 交JR・京成成田駅か
ら車で15分 **P**約15台 **MAP**P124B2

📖 「成田豊住熊野神社」にはオリジナルの御朱印帳やマイメロディ御守、リラックマ御守などもあります。

銚子といえば醤油醸造
醤油の歴史や作り方をお勉強

ヤマサ、ヒゲタなどが醤油の製造工場が多数ある銚子。
なぜ銚子で醤油づくりが盛んなのか、歴史を紐解いてみましょう。

醤油の原料は3つだけなんです

日本の食卓に欠かせない醤油の原料は、
大豆と小麦と塩だけ。これを発酵させて作ります。

醤油の歴史

醤油のルーツは古代中国の「醤（ひしお）」といわれており、これが日本に伝わって大豆を原料とする調味料が作られるようになったという。室町時代の中頃には今の醤油に近いものが作られるようになり、当時の商業の中心だった関西を中心に製造が盛んに。さらに江戸時代になると、一気に醤油作りが広がっていった。

醤油と銚子

銚子で醤油作りがスタートしたのは江戸時代。紀州から醸造の技術が持ち込まれると、銚子は醤油の一大産地へと発展していく。その理由は、醤油醸造で大切なこうじ菌など微生物の働きに最適な、夏と冬の寒暖差が少なく多湿な海洋性気候だったため。また、最大の醤油消費地、江戸と銚子が利根川で結ばれていたことから、水運を利用して大量の醤油を運び、帰りには原料を持ち帰るという流れを作り上げることができた。こうしたことから、銚子は"醤油の街"とよばれるようになった。

こんな風に作られています

1 こうじ作り

蒸した大豆、炒った小麦にこうじ菌を加え約3日間こうじ室で寝かせます

2 もろみを仕込む

こうじに塩水を加えたもろみをタンクに入れ、じっくり発酵・熟成

3 醤油をしぼる

発酵・熟成させたもろみを圧搾機にかけてしぼり出す

4 火入れ・検査

しぼった生醤油を加熱殺菌して味をととのえ、色や香り味を厳しく検査

醤油の完成！

オリジナルグッズも豊富

オリジナルボールペン 275円
醤油のボトルがワンポイント

コースター 各524円
ロゴ入りの布製

ソヤノワール 115㎖ 799円
うまみ倍増の超特選醤油

醤油羊羹 250円
丸大豆醤油入りのミニようかん

醤油づくりを学ぶならコチラへ

銚子
やまさしょうゆ しょうゆあじわいたいけんかん
ヤマサ醤油 しょうゆ味わい体験館

「ヤマサ醤油 工場見学センター」内にある展示施設。オリジナル商品が揃う売店も併設する。工場見学（映画上映のみ）は要予約。☎0479-22-9809 住銚子市北小川町2570 時9〜16時 休土・日曜、祝日 交銚子電鉄仲ノ町駅から徒歩4分 P35台 MAP折込表銚子・犬吠埼A2 ※2023年4月現在、飲食物の提供は休止中。営業再開は公式サイトを要確認

ヤマサ醤油の歴史や醤油作りの道具も展示

ゆっくりするなら1泊したい
私にぴったりの宿探し

日帰りでも気軽に行ける千葉ですが、宿泊すると楽しみが広がります。オーシャンビューの部屋からのんびり海を眺めたり、優雅なキャンプをしたり、ほっこり古民家でくつろいだり。自分の滞在スタイルにあった宿を探してみましょう。

海風に吹かれて極楽ステイ
オーシャンビューの温泉宿

房総で泊まるなら、温泉にも海の眺めにもこだわってみましょう。
オーシャンビューのお宿で過ごすご褒美旅で、明日への活力をチャージ。

館山
みなみぼうそうたてやま
かがみがうらおんせん ろくざ

南房総館山
鏡ヶ浦温泉 rokuza

「鏡ヶ浦」ともよばれる、波穏やかな館山湾に面して立つラグジュアリーな宿。目の前の海を眺めながら、静寂なひとときを楽しめる。料理は自前の定置網でとれた新鮮な魚介類をコースで提供。絶景をひとり占めできる専用露天風呂付きの客室もある。

☎0470-20-5693 住館山市那古1672-88 ※送迎あり 交JR館山駅から車で10分（要予約）P20台 車全18室
MAP P122C1

全18室のうち13室が専用露天風呂付き

鏡ヶ浦を望む貸切絶景露天風呂
喧噪とは無縁の隠れ家の宿

✛1泊2食付料金
平日2万150円～
休前日2万1150円～
✛時間✛
IN15時 OUT11時

1 無料で利用できる大パノラマの貸切露天風呂。チェックイン時に要予約 2 海に面したガーデンプール（夏期のみ営業）3 網元ならではの新鮮さが自慢の地魚料理を提供（一例）

平砂浦の絶景と美食料理の数々
新しいスタイルの温泉リゾート

✛1泊2食付料金
平日1万9800円～
休前日2万4200円～
✛時間✛
IN15時 OUT10時30分

館山
たてやまおんせん せんりのかぜ

たてやま温泉 千里の風

海辺の豊かな大自然にたたずむ絶景の温泉宿。露天風呂と展望内風呂を備えた大浴場からは圧巻の海のパノラマを望める。夕食は、懐石料理と食べ放題のいいとどりのハイブリッドスタイル。自前の定置網漁船から直送する鮮魚が自慢。客室タイプも多彩で、さまざまな旅のスタイルに対応。

☎0470-28-2211 住館山市藤原1495-1 交JR館山駅から車で20分 ※シャトルバスあり（要予約）P63台 車全40室
MAP P122B3

1 開放的な展望露天檜風呂から海のパノラマを望む 2 温泉露天風呂付 プレミアムガーデン。専用のミストサウナが付く豪沢な客室 3 名物「地魚の二段舟盛り」。豪快ながら盛り付けも美しい

源泉かけ流し ■部屋食 エステあり 禁煙ルームあり 大浴場あり ひとり宿泊OK

鋸南

びーちさいどおんせんりぞーと ゆうみ

ビーチサイド温泉リゾート ゆうみ

砂浜まで徒歩30秒の立地で、全室から海を眺めることができる。開放的な屋上ジャクジーや露天風呂など、貸し切りで利用できる風呂が5つあり、プライベートな空間で温泉に浸れるのも魅力。館主自らが競り落とす魚介類を使った料理は、個室または半個室のダイニングで。

☎0470-55-0123 住鋸南町元名442 交JR保田駅から徒歩20分 ※送迎あり(要予約) P21台 室全21室 MAP折込表・鋸山B2

全室がオーシャンビュー
目の前が海のシーサイドリゾート

✣1泊2食付料金✣
平日1万9950円～
休前日2万3250円～
✣時間✣
IN15時 OUT10時

1 最新ジェットバスを備えた名物の貸切風呂「海-Umi-」。有料予約制で40分3300円。 2 2階シーサイドテラスで、潮騒を聞きながらくつろぎのひとときを 3 テラスに特大専用露天風呂を備える露天風呂付き客室

2つの泉質で温泉三昧！
絶景の屋上温泉プールは外せない

✣1泊2食付料金✣
平日2万5450円～
休前日3万3050円～
✣時間✣
IN14時30分 OUT11時

1 温泉とプールが融合した新感覚の「温泉ぷーろ HARUKA」。インフィニティプールは開放感抜群 2 板前ライブダイニングMAIWAIでは、フリーオーダーで夕食を楽しめる 3 温泉半露天風呂付き客室で贅沢な時間を過ごす

鴨川

かもがわかん

鴨川館

個性豊かな露天風呂を備える大浴場「潮騒の湯」に加え、水着着用の「温泉ぷーろ HARUKA」がオープン。雄大な太平洋を望みながら、グループみんなで温泉を堪能できる。夕食は会席料理のほか、ライブキッチンを備えたダイニグで和洋折衷の料理も楽しめる。

☎04-7093-4111 住鴨川市西町1179 交JR安房鴨川駅から車で7分 ※送迎あり(要予約) P100台 室全64室 MAP折込表・鴨川シーワールド周辺B1

犬吠埼

べっていうみともり

別邸海と森

ヴィラ瑞鶴荘とホテル棟に客室が32室。全室がオーシャンビュー&専用露天風呂付きという贅沢さで、日の出や夜景など太平洋のさまざまな表情が見られる。銚子漁港で揚がる地魚をはじめ、伊勢海老やハマグリなど近海の鮮魚を使った夕食も評判。

☎0479-21-6300 住銚子市犬吠埼10292-1 交銚子電鉄犬吠駅から徒歩5分 ※送迎あり(要予約) P30台 室全32室 MAP折込表・銚子・犬吠埼B3

全室露天風呂付きの
ラグジュアリーなホテル

✣1泊2食付料金✣
平日3万3150円～
休前日3万9750円～
✣時間✣
IN15時 OUT10時

1 ヴィラ瑞鶴荘越しに太平洋が広がる 2 ホテル棟3階客室の露天風呂。日の出を眺めながら入浴を楽しめる 3 銚子名物キンメダイなど、夕食には旬の魚がふんだんに取り入れられている

自然の中で快適にアウトドア体験
個性豊かなグランピング

快適な空間で手軽にアウトドア体験に挑戦できるのがグランピングの魅力。
ユニークなグランピング施設で優雅な時間を過ごしましょう。

富津 🔥ゆ🐾

ぐらんどーむちばふっつ
グランドーム千葉富津

全20棟、グランピングとプライベートヴィラを合わせて全6タイプの部屋があり、温泉&プライベートプール付、ペット同伴可、プライベートサウナ付など、それぞれに個性的な特徴がある。オールインクルーシブサービス「7つのマルシェ」も評判。

☎050-3174-7253 住富津市湊1660-3
交JR上総湊駅から徒歩15分 Ｐ各棟2台
室全20室 ●2022年開業 MAPP119A2

富津市湊川の河口近くに誕生した関東エリア最大級のグランピング施設

⊹1泊2食付料金
平日2万6180円～
休前日3万2780円～
⊹時間⊹
IN15時 OUT10時

ドッグランドーム（2ベッド）にはプライベートなドッグランが付く

❶海のすぐ近く、湊川沿いの敷地にグランピングテントが並ぶ ❷サウナ付のプライベートサウナドーム（4ベッド）❸夜になるとドームテントの明かりが灯り、幻想的な光景に

全室オーシャンビューの快適なコテージ 海を眺めながらキャンプ気分を満喫

⊹1泊2食付料金⊹
平日2万3000円～
休前日2万7500円～
⊹時間⊹
IN15時 OUT11時

金谷 🔥ゆ🐾

べいさいど かなや ぐらん こてーじ
BAYSIDE KANAYA GLAM COTTAGE

房総半島でも有数のサンセットポイントである金谷に位置し、全24室3タイプのコテージタイプの客室からは東京湾に沈む夕日を一望。海が目の前に迫るアウトサイドデッキでは、地産地消の新鮮な食材でセルフBBQができる。全客にバス・トイレ付。

☎0439-27-1415 住富津市金谷2171
交JR浜金谷駅から徒歩5分 Ｐ50台 室全24室 ●2022年開業 MAP折込表・鋸山A1

❶東京湾に沈む夕日がすばらしい。全客室にハンモックを備えたアウトサイドデッキがある ❷広さ63㎡のスタンダードタイプの客室は定員3名 ❸夕食と朝食はセルフクッキングで

🚭禁煙ルームあり ゆ入浴施設あり BBQ日帰りBBQあり 🐾ペットOK

多古
たこぐらんぷ
TACO GLAMP
〔マーク〕BBQ

廃校になった小学校を丸ごとリノベーションしたグランピング施設。校舎には受付やシャワールーム、予約制の貸切風呂などが入り、校庭にはドームテントが並ぶ。敷地内にはペットOKのペットドームやオートキャンプ場も。

☎047-701-8840 🏠多古町南玉造162 🚗成田空港から車で30分 ※送迎あり Ⓟ40台 🛏全23室 ●2023年開業 MAP P125F4

+1泊2食付料金+
平日1万3000円〜
休前日1万3000円〜
+時間+
IN15時 OUT10時

廃校をリノベーションした新グランピング施設 陽気＆カラフルなメキシカンな空間で快適ステイ

1 校庭がグランピングサイト。各ドームテントに専用のBBQハウスが付き、天候に左右されずにBBQを楽しめる **2** ドームテントは冷暖房、冷蔵庫を完備 **3** プール脇にはバレルサウナを設置

サユリワールドに隣接するグランピング場 動物とふれあえるオプションも！

+1泊2食付料金+
平日1万8000円〜
休前日2万3150円〜
+時間+
IN15時 OUT11時

1 大人気の「キリンと朝食」はサユリワールドのキリンテラスで **2** ツリーハウス「キリン庵」は独創的なデザイン **3** キリン庵内はロフト付き。まるで秘密基地のよう

市原
ざ ばんぶー ふぉれすと
THE BAMBOO FOREST
〔マーク〕

静かな竹林のなかに、ツリーハウスやドームテント、ロータスベルテントなど3タイプ6棟のグランピング客室がたたずむ。サユリワールド（→P35）に隣接しており、「キリンと朝食」などのオプションも追加可能。

☎0436-63-6277 🏠市原市山小川790 🚗小湊鐵道高滝駅から車で10分 ※送迎あり（要予約）Ⓟ6台（〜15時は1台1000円）🛏全6室 ●2020年開業 MAP 折込裏C6

木更津
わいるど びーちしーさいど ぐらんぴんぐ ぱーく
WILD BEACH SEASIDE GRAMPING PARK
〔マーク〕BBQ

三井アウトレットパーク木更津（→P35）に隣接。キャビンタイプやトレーラー、コットテントなど、さまざまなタイプが揃い、ペット連れOKの客室も。広大な敷地には白い砂浜やヤシの木があり、ビーチサイドの雰囲気も楽しめる。シャワーは有料。

☎070-3669-8480 🏠木更津市金田東2-10-1 🚗東京湾アクアライン木更津金田ICから車で5分 Ⓟ各室1台（2台目以降は1台1080円）🛏全45室 ●2016年開業 MAP P118C1

+1泊夕食付料金+
平日8250円〜
休前日1万4800円〜
+時間+
IN15時 OUT10時

アメリカンなテント＆キャビンで非日常のひとときを

1 大型コットンテントを使用した「グランピングテント・サファリ」 **2** 三角形のスタイル「トライアングル」 **3** 2023年にオープンした新サイト「ビーチパゴーラ」

どこか懐かしさを感じる古民家宿で
ココロもカラダもゆったりステイ

広々とした空間とレトロなムードが魅力の古民家宿。
山海の自然や歴史ある町なかなど、好みの環境を選んで滞在を。

＋1泊2食付料金＋
平日・休前日4万1140円〜
（2名1室時1名料金）
＋時間＋
IN15時 OUT12時

▲昭和初期に建てられた元料亭を改装したAOI棟

佐原

さわらしょうかまちほてる にっぽにあ

佐原商家町ホテル NIPPONIA

歴史ある建物で街にとけこむ滞在を

佐原の街に点在する4つの宿泊棟、1棟のレストランからなる分散型宿泊施設。料亭や米蔵といった歴史ある建物を改装した客室棟は、かつての趣を活かしつつ快適に過ごせるよう改装されている。地元の食材を生かしたレストランも好評。☎0120-210-289(総合窓口) 住香取市佐原イ1708-2(フロント棟) 交JR佐原駅から徒歩12分 P10台 室13室[URL] www.nipponia-sawara.jp MAP折込表・佐原A3

▲YATA棟102は定員4名のメゾネットタイプ

▼モダンな印象のYATA棟103。部屋ごとに趣が異なるのも魅力

レストラン&体験もCHECK

［ RESTAURANT LE UN ］

れすとらん るあん
地産地消を大切に、発酵食品を取り入れたフレンチを提供。朝夕の食事もこちらで。

［ VMG CAFÉ ］

ぶいえむじー かふぇ
小野川沿いの商家を改装。香取市特産のサツマイモを使ったモンブラン1200円が人気。

［ 宿泊者限定の特別体験 ］

香取神宮(→P98)を神主による案内で回る特別プランを用意している(要予約・別途料金)。

❶築200年以上の萱棟は、ヒノキの風呂やかまどもある ❷ゆったりとした広間があり大人数でも安心 ❸庭先にはBBQセットがあり、事前予約で食材の手配も可能

大多喜

いっとうがしこみんかのやど まるがやつ

一棟貸し古民家の宿 まるがやつ

豊富な体験メニューも魅力

古民家を改装した1棟貸しで、蔵棟、萱棟、キャンプ場「宙」の3つの施設からなる。陶芸教室やヨガ、のり巻き作りなど、有料の体験メニュー（要事前問合せ）も豊富。☎043-301-2777 🅟 大多喜町大多喜1530 🚃 いすみ鉄道デンタルサポート大多喜駅から車で10分 🅿10台 🏠3棟 [URL] mar ugayatsu.com ⓂⒶⓅP120C1

┼1泊素泊まり料金┼
3万6000円～
（蔵棟、2名の場合）
┼時間┼
IN15時 OUT11時

勝浦

おちゃのまげすとはうす あんど かふぇ

お茶の間GUESTHOUSE & CAFE

波音が届く縁側でのんびり

海水浴場のすぐ近くにある、昭和初期に建てられた古民家を改装。アットホームな雰囲気で、まるで故郷に帰ったかのような気分で滞在できる。カフェも併設しているので食事もOK。☎0470-62-5087 🅟 勝浦市守谷804-1 🚃 JR上総興津駅から徒歩7分 🅿5台(有料) 🏠3室（ドミトリー利用となる場合あり）[URL] www.ochanomagh.com ⓂⒶⓅ折込裏C7

▲朝食400円は季節の日替わり（要事前予約）

▲畳敷きの純和室。トイレとシャワーは共同

▶日常を忘れて寛げる人気の縁側

┼1泊素泊まり料金┼
7000円～
（6畳個室、2名の場合）
┼時間┼
IN15時 OUT10時

白浜

しらはまぷらいべーとこみんか しおかぜ

白浜プライベート古民家 SHIOKAZE

古民家×グランピング！

5LDKの広々とした古民家を1棟貸し切り。和のしつらえを生かしつつ、機能的なパルスームやキッチンを完備。屋外スペースにはファイヤーピット付きBBQスペースも。☎なし（予約は公式サイトより）🅟 南房総市白浜町根本1844-1 🚃 JR館山駅からJRバス関東安房白浜行きで26分、根本下車、徒歩2分 🅿5台 🏠棟 [URL]glam ping-shiokaze.com ⓂⒶⓅP122C4

▲夕食の用意はないが、事前予約で地元の海鮮盛合せなどを用意してくれる

▶広大なプライベートガーデンもある

┼1泊素泊まり料金┼
平日 6万6000円～
金～日曜、祝前日
7万7000円～
（1～6名利用時1棟）
┼時間┼
IN15時 OUT11時

▶居間には囲炉裏もあり、オプション料金で利用可能

📖 一棟貸しの古民家宿は、キッチン付きも多く食器やアメニティなども充実しているところが多い。ただ、部屋着は用意していないところがほとんどなので、事前に確認を。

107

房総の道の駅は個性派揃い
わざわざ立ち寄りたい道の駅

ドライブの休憩スポットとしてはもちろん、食事や買物にも便利な道の駅。
わざわざ立ち寄るだけの価値がある、人気の道の駅を紹介しましょう。

鋸南

みちのえき ほたしょうがっこう

道の駅 保田小学校

廃校を活用した懐かしい雰囲気で人気

2014年に廃校となった保田小学校の校舎
を利用。教室を食堂や宿泊施設に、体育館を
マルシェにと、当時の建物を生かしたノスタ
ルジックな空間で、童心にかえって楽しもう。

☎0470-29-5530　住鋸南町保田724　🕘9〜17時
（一部店舗により異なる）　休無休（一部店舗により異
なる）　交富津館山道路鋸南保田ICからすぐ　P109台
MAP折込表・鋸山B3

1昔懐かしい雰囲気の道の駅。宿泊施設や入浴施設もある　2「里山食堂」の保田
小給食1200円　3「cafe 金次郎」の鯨カツバーガー1000円　4「廃校ピッツェリ
ア Da Pe GONZO」のハマカナーヤSサイズ1800円、Mサイズ2100円

木更津

みちのえききさらづ うまくたのさと

道の駅木更津 うまくたの里

"木更津のうまい"が大集合

千葉県産ピーナッツのほか、ブルーベリーの
里・木更津ならではの商品が充実。房総のし
ょうゆ蔵の商品を集めたコーナーなどもあり、
個性が光る。人気店プロデュースのレストラ
ンにも注目したい。

☎0438-53-7155　住木更津市下郡1369-1　🕘9
〜17時（一部店舗により異なる）　休無休　交圏央道木
更津東ICから約
200m　P128台
MAP折込裏・B6

1のうえんカフェレストラン「&TREE」のフレンチブリュレバウム1200円　2彩り野菜とビーフシチューポットパ
イのプレート1800円　3「ショップ」のチバリバリ594円　4入口にあるピーナッツのオブジェは撮影スポットとし
て人気

2023年10月、「保田小学校」がさらにパワーアップ

道の駅 保田小学校では、近接する旧鋸南幼稚園を活用した新施設を整備中。屋内施設にはプレイルームを備えたカフェやコワーキングスペース、屋外にはドッグランや、RVパークなどを建設予定。保田小ギャラリーでは計画模型を展示。

神崎

みちのえきはっこうのさと こうざき

道の駅発酵の里 こうざき

酒蔵の里で"発酵食品"グルメを満喫

利根川水運の町として栄え、近代化産業遺産「醸造関連遺産」を擁する町らしい、発酵をテーマにした道の駅。日本酒、麹を使ったオリジナル商品、納豆などの発酵食品を多く販売する。

☎0478-70-1711 住神崎町松崎855 ⏰9～18時（一部店舗により異なる）休不定休 交圏央道神崎ICからすぐ P50台 MAP P124C1

1 レストランや物産館などそれぞれの建物に分かれている 2 「発酵市場」の白神ささら各250㎖280円 3 「Restaurantオリゼ」の発酵キーマカレーセット980円 4 豚ロース肉のジンジャー味噌焼き定食980円

南房総

みちのえきとみうら びわくらぶ

道の駅とみうら 枇杷倶楽部

南房総の人気の駅で特産"ビワ"を堪能

「全国道の駅グランプリ」で最優秀賞を獲得したこともある人気の施設。房州びわの産地である富浦にあり、グルメもみやげもビワを使ったものが豊富に揃っている。5月上旬～6月下旬にはビワ狩り体験もできる。

☎0470-33-4611 住南房総市富浦町青木123-1 ⏰10～17時（土・日曜、祝日は9時15分～）休無休（一部店舗により異なる）交富津館山道路富浦ICから約1.5km P70台 MAP P122B1

1 「カフェレストラン」のびわカレー950円 2 「カフェレストラン」のびわパフェ1500円 3 「びわテラス」のびわソフト450円 4 「枇杷倶楽部ショップ」ののむ果実枇杷 1本378円～ 5 例年1月中旬～2月上旬には菜の花が満開に

千葉・房総 道の駅 ● わざわざ立ち寄りたい道の駅

喜ばれること間違いなしの 千葉のおみやげをチェック！

特産品を使ったものや銘菓、おしゃれな逸品まで
バラエティー豊かな千葉みやげを厳選してご紹介します。

小江戸サブレ
大缶 (赤・白) 各1080円
米粉とサツマイモの粉末で作ったサクサク食感の一口サブレ。白缶はプレーン、赤缶は落花生入り **F**

菜の花たまごプリン
1個 351円
千葉県君津産のブランド卵、菜の花エッグを使ったなめらかでやさしい味わいのプリン。店頭限定販売 **A**

ぴーなっつ最中
8個詰 1450円
ピーナッツの甘煮を練り込んだ餡を、落花生形の最中に詰めた商品。イラストや落花生型の箱も愛らしい **E**

クレマカタラーナ
1個 1300円
南房総市にある近藤牧場の新鮮な牛乳とクリームを使い、丁寧に焼き上げてから冷凍している **C**

犬吠テラステラス×シャララ舎 オリジナル琥珀糖
瓶1300円、小袋600円 ※数量限定
犬吠埼の海をイメージした青い琥珀糖。外はシャリシャリ、中は軟らか **H**

(左)うふふのモト 160g 302円
(右)発芽玄米のうふふのモト 160g 324円
砂糖や甘味料不使用のノンアルコール発酵甘酒 **G**

富津
みなみてい ほんてん
A 見波亭 本店

工房併設の人気店
複合施設内にある工房併設のバウムクーヘン専門店。地元の素材にこだわって作り上げる。
☎0439-69-8373 住富津市金谷2288ザ・フィッシュ内 営9時30分〜18時 (土・日曜、祝日は9時〜) 休無休 交JR浜金谷駅から徒歩6分 P200台 MAP折込表・鋸山A1

木更津
すずいちしょうてん
B 鈴市商店

老舗の落花生専門店
明治15年(1882)創業の落花生専門店。農家から直接仕入れた落花生を併設の工場で丁寧に焙煎している。サブレなどの加工品も揃う。
☎0438-22-2319 住木更津市新田1-5-19 営9〜17時 休日曜 交JR木更津駅から徒歩8分 P3台 MAP P118B2

南房総
みちのえきふらりとみやま
C 道の駅富楽里とみやま

山海の幸が充実
地元産の生鮮食品や名物グルメがズラリと並ぶ道の駅。
☎0470-57-2601 住南房総市二部2211 営9〜18時(季節・施設により異なる) ※改修工事期間(2023年7月終了予定)は〜17時(土・日曜、祝日は8時30分〜) 休不定休 交JR岩井駅から徒歩15分 P一般道側293台 MAP P119A4

南房総
せいえいどう
D 盛栄堂

名物和菓子が勢揃い
創業大正3年(1914)と永きにわたり親しまれる和菓子店。サザエのかたちの名物最中など、ユニークな商品が人気。
☎0470-29-7039 住南房総市安馬谷1984 営9〜18時 休月曜(祝日の場合は翌日) 交JR南三原駅から車で5分 P10台 MAP P123E1

千葉県の人気者
チーバくんグッズも
要チェック

千葉県のマスコットキャラクター、チーバくんのグッズも千葉みやげに人気。「チーバくん物産館 千葉駅前店」には、マスコットや文具、お菓子などチーバくんのイラストをあしらったアイテムが豊富に揃っています。
☎043-227-8022 **MAP** 折込裏C4

さざえ最中
1個 170円
南房総の名物、サザエをモチーフにした最中。小倉餡、白餡、青のり餡、こし餡、ゆず餡の5種類がある **D**

くじらあげまん
1個 160円
餡たっぷりの黒糖まんじゅうをカリッと揚げたかりんとう風。冷たくても温めてもおいしい **D**

のこぎり山バウムクーヘン
3山 1404円
千葉県産の卵と牛乳を使い、一層ずつ丁寧に職人が焼き上げる。食感は重厚で濃厚な味わい **A**

とらやき
1個 330円
じっくり炊いた北海道産小豆をトラ柄模様のしっとり生地でサンド。水は香取神宮の御神水を使っている **F**

落花生ペースト
各160g 1382円
千葉県産の落花生をすりつぶしたピーナッツバター。深は深煎り、粒はツブツブ入り、渋は渋皮ごと使用 **B**

びわから作った伏姫ワイン
500mℓ 1650円
皇室にも献上される南房総のビワで作ったフルーティーなワイン。やや甘口で食前や食後酒におすすめ **C**

千葉・房総みやげ ● 千葉のおみやげをチェック!

成田
なごみのよねや そうほんてん
E なごみの米屋 總本店

栗ようかん発祥の老舗

栗ようかんを発案した、明治32年(1899)創業の老舗和菓子店。ぴーなっつ最中をはじめさまざまな和菓子が店内に並ぶ。
☎0476-22-1661 住成田市上町500 営8〜18時 休無休 交JR・京成成田駅から徒歩8分 P23台 MAP折込表・成田山新勝寺A2

佐原
おんがしつかさ とらや
F 御菓子司 虎屋

江戸時代から続く和菓子店

江戸時代初期から和菓子の製造販売を行う。生産地に足を運んで厳選した素材を使い、一子相伝で受け継がれてきた技術で作りあげる。
☎0478-52-2413 住香取市佐原イ1717-2 営10〜18時 休水曜 交JR佐原駅から徒歩10分 P7台 MAP折込表・佐原B3

神崎
てらだほんけ
G 寺田本家

自然酒に取り組む酒蔵

24代目当主が受け継ぐ酒蔵。蔵付きの微生物で自然発酵させる自然酒造りに取り組む。酒粕、麹を使った調味料も製造。
☎0478-72-2221 住神崎町神崎本宿1964 営8〜12時、13〜17時 休日曜、祝日(4〜9月は土・日曜、祝日) 交JR下総神崎駅から徒歩20分 P5台 MAP P125D1

銚子
いぬぼうてらすてらす
H 犬吠テラステラス

千葉県の名品をセレクト

1階には野菜マルシェやベーカリー、カフェ、2階には銚子を中心にみやげが揃うショップがある。
☎0120-25-1240 住銚子市犬吠埼9575-2 営10〜18時(冬季は〜17時) 休無休(一部店舗により異なる) 交銚子電鉄犬吠駅から徒歩7分 P94台 MAP折込裏・銚子・犬吠埼B3

📖 「御菓子司 虎屋」のとらやきはバター入り1個360円もあります。よりコク深い味わいがお好みの人はこちらもどうぞ。

千葉・房総の旅に花を添える。知っておきたいあれこれ

自然豊かな千葉・房総の風景は、数々の映画に登場します。
お祭りやイベント、花の名所などを旅の目的に加えるのもおすすめです。

映画のロケ地

千葉で撮影された映画の数々。有名作品のロケ地めぐりも楽しい。

映画 弱虫ペダル

友達がいないアニメ好き高校生・小野田坂道が、チームで戦う自転車競技を通して仲間と共に成長していく青春ストーリー。迫力あるレースシーンは、九十九里有料道路（MAP折込裏・D5）や、鋸山登山自動車道（MAP折込表・鋸山A2）などで撮影された。
◆DVD発売中／販売元：松竹／4180円／出演：永瀬廉（King & Prince)伊藤健太郎・橋本環奈ほか／2020年公開
©2020映画「弱虫ペダル」製作委員会
©渡辺航（秋田書店）2008

映画 さかなのこ

さかなクン原作による、さかなクンがさかなクンになるまでの物語。笑顔も涙もキラキラ光る、宝物のような感動作。鴨川シーワルド（☞P64)や根本海水浴場（MAP P122B4)ほか、館山市や南房総市の各地がロケ地に使われた。
◆DVD&Blu-ray発売中／発売・販売元：バンダイナムコフィルムワークス／DVD 4180円、Blu-ray6380円／出演：のん・柳楽優弥・夏帆ほか／2022年公開
©2022「さかなのこ」製作委員会

映画 体操しようよ

何事にも一生懸命だけど不器用な定年お父さんが、「はじめての家事」と「地域デビュー」に奮闘する感動作。ラジオ体操のシーンは、野島埼灯台（☞P74)周辺で撮影された。
◆Blu-ray&DVD発売中／発売元：株式会社ハピネットファントム・スタジオ／販売元：株式会社ハピネット・メディアマーケティング／5280円／出演：草刈正雄・木村文乃・きたろうほか／2018年公開
©2018「体操しようよ」製作委員会

映画・アニメの舞台

千葉が舞台の映画やアニメ。旅の前に観ておきたい。

映画 大河への道

伊能忠敬を主人公とする大河ドラマの誘致に乗り出した香取市役所。ところが日本地図を完成させたのは、伊能忠敬ではなかったという驚きの事実が判明。作品には香取市役所をはじめ、小野川（MAP折込表・佐原B3)沿いの町並みが登場。
◆DVD発売中／発売元：フジテレビジョン／販売元：松竹／4180円／出演：中井貴一・松山ケンイチ・北川景子ほか／2022年公開
©2022映画「大河への道」フィルムパートナーズ

映画 木更津キャッツアイ ワールドシリーズ

大人気テレビドラマ『木更津キャッツアイ』シリーズの完結編。木更津での大騒動から3年、キャッツアイのメンバーたちが再集結することに。木更津市内の各地でロケが行われた。
◆Blu-ray発売中／発売元：TBS／販売元：KADOKAWA／5170円／出演：岡田准一・櫻井翔・岡田義徳ほか／2006年公開
©2006映画「木更津キャッツアイワールドシリーズ」製作委員会

映画 星になった少年

日本で初めて象使いとなった少年、坂本哲夢の物語。映画のモデルになった象、ランディは、市原ぞうの国（☞P35)で出会う。
◆DVD発売中／発売元：フジテレビジョン／販売元：東宝／スタンダードエディション4180円／出演：柳楽優弥・常盤貴子・高橋克実ほか／2005年公開
©2005フジテレビジョン東宝S・D・P

アニメ 輪廻のラグランジェ

2032年の鴨川を舞台にしたロボットアニメ。主人公が通う鴨川女子高校の目の前にある前原海岸海水浴場（MAP折込表・鴨川シーワールド周辺A1)など、実在する風景を基にした背景画が使われている。
◆Blu-ray BOX【A-on STOREプレミアムバンダイ限定】発売中／発売・販売元：バンダイナムコフィルムワークス／22000円／CV：石原夏織・瀬戸麻沙美・茅野愛衣ほか／2012年放送
©ラグランジェ・プロジェクト

祭り&イベント

千葉では1年を通して祭りやイベントが盛りだくさん。なかでも人気の祭り&イベントをピックアップ。

2月下旬〜3月上旬 勝浦 かつうらビッグひな祭り

徳島県勝浦町から約7000体の人形を里子として譲り受けたのが始まり。遠見岬神社の60段の石段に約1800体のひな人形が飾られるのをはじめ、市内各所に約7000体の雛人形が飾られる。夜にはライトアップも。
☎0470-73-6641（ビッグひな祭り実行委員会）MAP折込表・勝浦駅周辺B3

7月下旬 茂原 茂原七夕まつり

毎年80万人もの見物客が訪れる、みどころいっぱいの祭り。色鮮やかな七夕装飾や、もばら阿波おどり、YOSAKOIなどのほか、さまざまなイベントが開催される。
☎0475-22-3361（茂原七夕まつり実行委員会）MAP折込裏・C5

木更津港まつり
8月14・15日 | 木更津
きさらづみなとまつり

昭和23年(1948)に始まった歴史あるまつり。14日の「やっさいもっさい」踊りでは、かけ声にあわせて大勢の参加者が踊りを楽しむ。15日には木更津港内港で花火大会が開催され、約1万発の花火が夜空を彩る。
☎0438-23-8459(木更津市観光振興課)
MAP P118B2

大原はだか祭り
9月23・24日 | いすみ
おおはらはだかまつり

大原の秋の風物詩。十数基の神輿が一斉に海へとかつぎこまれ、激しくもみあう「汐ふみ」が祭りのハイライト。神輿が海の中を駆けめぐり、投げ上げられる様子が勇ましい。約1kmの商店街通りは祭り一色に染まる。
☎0470-62-1243(いすみ市水産商工観光課)
MAP P121F3

佐原の大祭秋祭り
10月上旬 | 佐原
さわらのたいさい あきまつり

300年の伝統を誇る「佐原の大祭」は、関東三大山車祭りのひとつとされる。秋祭りは諏訪神社の祭礼で、14台の山車が「佐原囃子」を響かせながら風情ある町並みを曳き廻される。大人形が飾られる総欅造りの山車も必見。
☎0478-54-1111(香取市商工観光課)
MAP P125F1

棚田のあかり
10月下旬〜1月初旬 | 鴨川
たなだのあかり

「日本の棚田百選」「棚田遺産」にも選ばれた大山千枚田が、無数のLEDライトで彩られる。ライトは15分ごとに橙、青、緑、紫と4色に変化し、昼間とは違った幻想的な棚田の雰囲気を楽しめる。
☎04-7099-9050(大山千枚田保存会)
MAP P119C3

花名所

温暖な千葉では、1年中花を楽しめるのが魅力。早春の菜の花から紅葉まで、お花のイベントをご紹介。

房総フラワーラインの菜の花
1月上旬〜2月下旬 | 館山
ぼうそうふらわーらいんのなのはな

南房総の南岸を走る房総フラワーラインの平砂浦海岸沿いが、菜の花に彩られる。両脇が黄色に染まる道路をドライブするのは気分爽快。
☎0470-22-2000(館山市観光協会) 図富津館山道路富浦ICから車で30分
MAP P122B3(☞P58)

成田の梅まつり
2月中旬〜3月上旬 | 成田
なりたのうめまつり

成田山公園には、平均樹齢70年以上の梅が約500本植えられており、紅白の花が咲き乱れる。期間中の週末には、各種イベントも開催。
☎0476-22-2102(成田市観光協会)
図JR・京成成田駅から徒歩15分 MAP折込表・成田山新勝寺B1

千葉城さくら祭り
3月下旬〜4月上旬 | 千葉市
ちばじょうさくらまつり

千葉市亥鼻公園で開かれる春の風物詩。桜が咲き誇る園内で、ご当地グルメを楽しめるほか、地元産品の販売もある。伝統芸能のライブなども。
☎043-242-0007(千葉城さくら祭り実行委員会事務局)図千葉都市モノレール県庁前駅から徒歩10分 MAP折込裏・C4

佐倉チューリップフェスタ
4月上旬〜下旬 | 佐倉
さくらちゅーりっぷふぇすた

佐倉ふるさと広場で開催される。100種70万本のチューリップがオランダ風車を背景に咲き揃う。チューリップの販売もある。
☎043-486-6000(佐倉市観光協会)図京成佐倉駅から車で10分 MAP折込裏・C3

妙福寺の藤まつり
4月下旬〜5月上旬 | 銚子
みょうふくじのふじまつり

妙福寺境内にある「臥龍の藤」は、樹齢約800年とされる古木。長さ2mにおよぶ「紫の花すだれ」が見事。期間中は夜間ライトアップ(18〜20時)が開催される。
☎0479-22-0650 図JR銚子駅から徒歩5分 MAP折込表・銚子・犬吠埼A2

水郷佐原あやめ祭り
5月下旬〜6月下旬 | 佐原
すいごうさわらあやめまつり

水郷佐原あやめパークのイベント。江戸・肥後・伊勢系など400品種150万本のハナショウブが咲き乱れ、一面を色とりどりに染め上げる。
☎0478-56-0411 図期間中はJR佐原駅から臨時シャトルバスが運行(有料) MAP折込裏・E2(☞P98)

ふなばしアンデルセン公園のコスモスまつり
10月 | 船橋
ふなばしあんでるせんこうえんのこすもすまつり

園内が約10万株のコスモスで彩られる。メルヘンの丘ゾーンには、広さ約600㎡のコスモスめいろがオープン。園内を埋め尽くすコスモスに圧倒される。
☎047-457-6627 図新京成線三咲駅からバスで約15分 MAP折込裏・B3(☞P98)

養老渓谷紅葉ライトアップ
11月下旬〜12月上旬 | 大多喜
ようろうけいこくうようらいとあっぷ

関東でいちばん遅い紅葉ともいわれる養老渓谷のライトアップイベント。闇に浮かび上がる紅葉が神秘的でロマンティック。懸崖境や粟又の滝周辺など。
☎0470-80-1146(大多喜町観光協会)
小湊鉄道養老渓谷駅から小湊バス粟又行きで8分、老川下車、徒歩3分
MAP P120A3(☞P44)

千葉・房総へのアクセス【電車＆バス】

高速バスは、東京駅や新宿駅などから発着しており、安くて便利。
JRは特急が便利だが、本数が少ないのでチェックして出かけよう。

バス・鉄道を利用して千葉・房総へ

╾╾╾ 鉄道　　━━━ バス

■木更津・富津へ

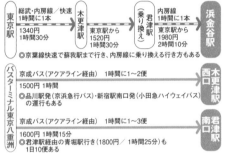

東京駅 →〔総武・内房線／快速 1時間に1本 1340円 1時間30分〕→ 木更津駅 →〔君津駅 京浜駅から 1520円 1時間30分〕→〔乗り換え〕→〔内房線 1時間に1本 東京駅から 1980円 2時間10分〕→ 浜金谷駅

◎京葉線快速で蘇我駅まで行き、内房線に乗り換える行き方もある

バスターミナル東京八重洲 →〔京成バス（アクアライン経由）1時間に1〜2便 1500円 1時間〕→ 木更津駅 西口

・品川駅発（京浜急行バス）・新宿駅南口発（小田急ハイウェイバス）の運行もある

バスターミナル東京八重洲 →〔京成バス（アクアライン経由）1時間に1〜3便 1600円 1時間15分〕→ 君津駅 南口

◎君津駅経由の青堀駅行き（1800円／1時間25分）も1日10便ある

■鴨川・勝浦へ

東京駅 →〔京葉・外房線／特急わかしお 1〜2時間に1本 2640円（特急自由席）1時間55分〕→ 大原駅 →〔特急1日6〜7本 東京駅から5340円（特急自由席）1時間30分〕→ 勝浦駅 →〔外房線 1時間55分 東京駅から3670円（特急自由席）〕→ 安房鴨川駅

◎京葉線快速で蘇我駅まで行き、外房線に乗り換える行き方もある

バスターミナル東京八重洲 →〔京成バス／アクシー号（アクアライン経由・鴨川シーワールド行き）1時間に1〜2便 2600円 1時間45分〜2時間25分〕→ 安房鴨川駅

バスターミナル東京八重洲 →〔京成バス（アクアライン経由）1日6便（御宿・安房小湊行き）2100円 1時間50分〕→ 勝浦駅

■養老渓谷・大多喜へ

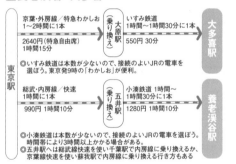

東京駅 →〔京葉・外房線／特急わかしお 1〜2時間に1本 2640円（特急自由席）1時間15分〕→〔乗り換え 大原駅〕→〔いすみ鉄道 1時間〜1時間30分に1本 550円 30分〕→ 大多喜駅

◎いすみ鉄道は本数が少ないので、接続のよいJRの電車を選ぼう。東京発9時の「わかしお」が便利。

東京駅 →〔総武・内房線／快速 1時間に1本 990円 1時間10分〕→〔乗り換え 五井駅〕→〔小湊鉄道 1時間〜1時間30分に1本 1280円 1時間10分〕→ 養老渓谷駅

◎小湊鉄道は本数が少ないので、接続のよいJRの電車を選ぼう。時間帯により3時間以上かかる場合がある。
◎五井駅へは総武線快速を使い千葉駅で内房線に乗り換えるか、京葉線快速を使い蘇我駅で内房線に乗り換える行き方もある

■成田・佐原・佐倉へ

東京駅 →〔総武線／快速 1時間に1本 990円 1時間〕→ 佐倉駅 →〔総武・成田線／快速 1時間に1本 東京駅から 1170円 1時間10分〕→〔乗り換え 成田駅〕→〔成田線 1時間に1本 東京駅から 1690円 2時間〕→ 佐原駅

京成上野駅 →〔京成本線 特快・特急・快速20分ごと 740円 55分（特快）〕→ 京成佐倉駅 →〔京成上野駅から 850円 1時間05分（特快）〕→ 京成成田駅

◎JR上野駅から常磐・成田線快速でJR成田駅へ行く行き方もある。940円 1時間20分

南口 東京八重洲駅 →〔関鉄グリーンバス／あそう号（鉾田行き）1日1〜3便 1900円 1時間20分〕→ 佐原駅

東京駅八重洲 バスターミナル →〔千葉交通（佐原ルート 銚子行き）1〜2時間に1便 1900円 1時間35分〕→ 佐原駅

■館山・千倉へ

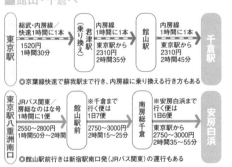

東京駅 →〔総武・内房線／快速1時間に1本 1520円 1時間30分〕→〔乗り換え 君津駅〕→〔内房線 1時間に1本 東京駅から 2310円 2時間35分〕→ 館山駅 →〔内房線 1時間に1本 東京駅から 2310円 2時間45分〕→ 千倉駅

◎京葉線快速で蘇我駅まで行き、内房線に乗り換える行き方もある

東京駅八重洲南口 →〔JRバス関東／房総なのはな号 1時間に1便 2550円〜2800円 1時間50分〜2時間〕→ 館山駅前 →〔※千倉まで行く便は1日7便 2750円〜3000円 2時間15分〜25分〕→ 南房総千倉 →〔※安房白浜まで行く便は1日6便 東京駅から 2750円〜3000円 2時間35分〜55分〕→ 安房白浜

◎館山駅前行きは新宿駅南口発（JRバス関東）の運行もある

■銚子・九十九里へ

東京駅 →〔総武線／特急しおさい 1日6本 3670円（特急自由席）1時間50分〕→ 銚子駅

東京駅 →〔総武線／快速 1時間に4〜8本 40分〕→〔乗り換え 千葉駅〕→〔外房・東金線1時間に1〜2本（※大網駅で乗り換えの場合あり）東金まで1170円 1時間40分〕→ 東金駅

東京駅 →〔京葉・外房線／特急わかしお 1〜2時間に1本 2470円（特急自由席）1時間〕→ 上総一ノ宮駅

◎京葉・外房線または総武・外房線の快速もある。1520円、1時間30分

東京八重洲 バスターミナル →〔京成バス 1時間に2〜3便 2700円 2時間20分〜45分〕→ 銚子駅

東京八重洲 バスターミナル →〔京成バス（旭ルート）1日9便 2700円 2時間35分〕→ 犬吠埼

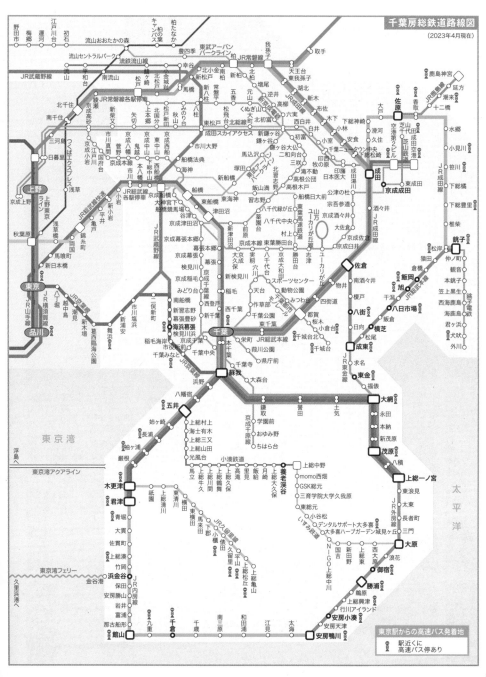

トラベルインフォメーション ● 千葉・房総へのアクセス【電車＆バス】

東京駅からの高速バス発着地
● 駅近くに 高速バス停あり

交通＆地図

千葉・房総へのアクセス 【車】

周遊するなら車が便利。南房総への基点、冨浦ICは午前を中心に渋滞しがち。
内陸部を走る国道410号や県道88号を利用してもよい。

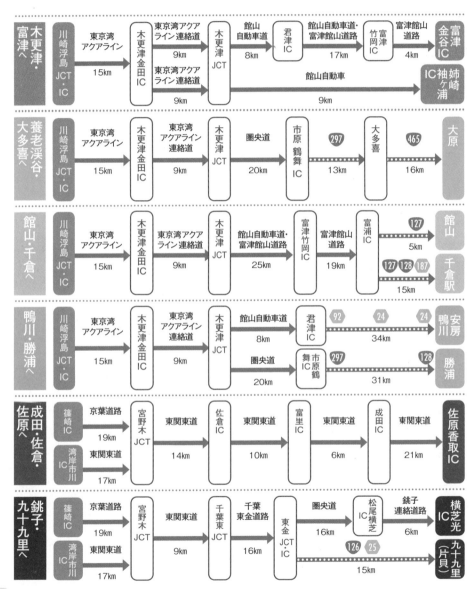

木更津・富津へ
川崎浮島JCT・IC → 東京湾アクアライン 15km → 木更津金田IC → 東京湾アクアライン連絡道 9km → 木更津JCT → 館山自動車道 8km → 君津IC → 館山自動車道・富津館山道路 17km → 富津竹岡IC → 富津館山道路 4km → 金谷IC → 富津館山IC
木更津JCT → 館山自動車 9km → 姉ヶ崎袖ケ浦IC

養老渓谷・大多喜へ
川崎浮島JCT・IC → 東京湾アクアライン 15km → 木更津金田IC → 東京湾アクアライン連絡道 9km → 木更津JCT → 圏央道 20km → 市原鶴舞IC → 297 13km → 大多喜 → 465 16km → 大原

館山・千倉へ
川崎浮島JCT・IC → 東京湾アクアライン 15km → 木更津金田IC → 東京湾アクアライン連絡道 9km → 木更津JCT → 館山自動車道・富津館山道路 25km → 富津竹岡IC → 富津館山道路 19km → 富浦IC → 127 5km → 館山
富浦IC → 127 128 187 15km → 千倉駅

鴨川・勝浦へ
川崎浮島JCT・IC → 東京湾アクアライン 15km → 木更津金田IC → 東京湾アクアライン連絡道 9km → 木更津JCT → 館山自動車道 8km → 君津IC → 92 24 24 34km → 鴨川安房
木更津JCT → 圏央道 20km → 市原鶴舞IC → 297 31km → 128 → 勝浦

成田・佐原・佐倉へ
篠崎IC → 京葉道路 19km → 宮野木JCT → 東関東道 14km → 佐倉IC → 東関東道 10km → 富里IC → 東関東道 6km → 成田IC → 東関東道 21km → 佐原香取IC
湾岸市川IC → 東関東道 17km → 宮野木JCT

銚子・九十九里へ
篠崎IC → 京葉道路 19km → 宮野木JCT → 東関東道 9km → 千葉東JCT → 千葉東金道路 16km → 東金JCT・IC → 圏央道 16km → 松尾横芝IC → 銚子連絡道路 6km → 横芝光IC
湾岸市川IC → 東関東道 17km → 宮野木JCT
東金JCT・IC → 126 25 15km → 九十九里（片貝）

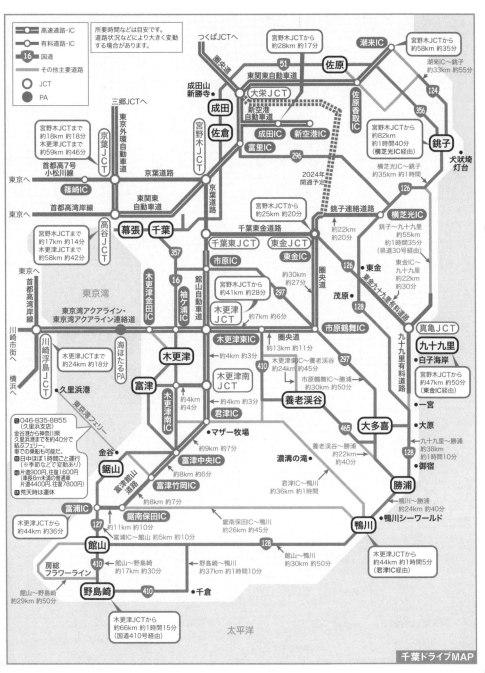

トラベルインフォメーション ● 千葉・房総へのアクセス【車】

千葉ドライブMAP

富津周辺

0　　2km

大多喜・いすみ周辺

0   1km

茂原市街へ↑
↑大宮神社
茂原駅へ↑ ↑白子ICへ↑
釣ヶ崎海岸広場
東浪見

太東海水浴場

Cafe&Diner古民家66とっとっと P.49

274

BAKERY KONATE P.50

いすみ高秀牧場
151

太東局

善性寺
漁港入口
ワイルドキッズ岬オートキャンプ場

高秀牧場ミルク工房 P.51

妙伝寺卍

太東駅

太東小

太東埼灯台 P.97

grain P.51
153

福原橋
轟橋
福泉寺卍 岬橋

229

太東灯台入口 太東埼灯台

法泉寺卍

太東崎

岬町桑田

153

P.48 ブラウンズフィールドライステラスカフェ

岬局

152

真福寺卍 岬橋

太東海浜植物群落

85
85

万木城跡公園
若宮神社卍

154

128

ホテルOTEL R9 T
ホテルe Yard いすみ

根方山
深谷

ほし乃や旅館

中根小
長者町駅

江東橋
江場土

九十九里ヴィラ そとぼう

文化とスポーツの森
刈谷十字路

国府台三差路

152

和泉浦

Qちゃんの台所 P.54

中川駅
いすみ鉄道

清水寺卍
眺洋寺卍

玉前神社卍

自然酵母パン&カフェ かめりあ P.50

465
大野入口
国吉駅

岬ダム

三門駅

新田野駅

成就院卍

いすみ市

東福寺卍 西善寺卍
福聚寺卍

日在浦

donner P.54

ABCいすみGC

小倉山

山田

いすみ鉄道 P.42

465

大原はだか祭り (汐ふみ会場) P.113

P.51 eatos
BAKED SWEETS

82

東小

上総東駅

西大原駅

東海小

若山

大原海水浴場

176
山田五区

浅間神社卍 坂水寺卍
椿公園
いすみ市役所

大原漁港 港の朝市 P.54

P.54 北土舎

滝口神社卍

八幡岬
小浜八幡神社卍

千葉県

千光寺卍

P.54 昭和堂洋菓子店

大聖寺

176

香取神社卍

P.43 **大原駅**

大原署
いすみ署

海鮮・浜焼き「海老屋」 P.54

八坂神社卍

滝口神社卍

174

木戸ダム

荒木根山
東ダム

174

瀧泉寺卍
貝須賀

総社鹿島宮卍

荒木根山
東第2ダム

名熊ダム

128

3

下布施

飯縄神社卍

勝浦GC

174

浪花駅

浪花小

三島神社卍

上布施オートキャンプ場

駅入口

メロディウェイブ

布施小
布施局

大原・御宿GC

花立山トンネル
P.75 愚為庵

眞泉寺卍
上布施

高山田

大宮神社卍

御宿町

春日神社卍

山神宮

キャメルゴルフリゾート

176

薬王寺卍

太 平 洋

温泉 つるんつるん温泉オートキャンプ場

元祖 勝浦式担々麺 江ざわ P.69

主神社卍

御宿ダム

273

浅間神社卍

宝性寺卍

御宿町役場

御宿駅

月の沙漠記念像
御宿中央海岸

297

P.75 **Hula-Hana**

最明寺卍
妙音寺卍
観音寺卍

御宿町新町

大宮神社卍
大福寺卍

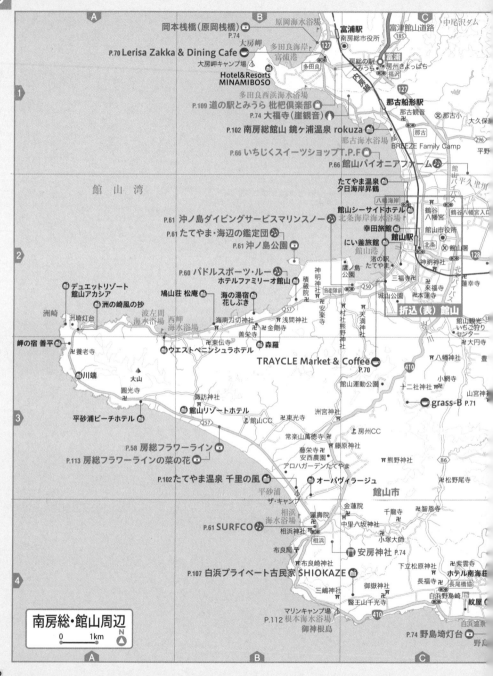

岡本桟橋（原岡桟橋）P.74
原岡海水浴場
富浦駅
南房総市役所
富津館山道路
中尾沢ダム

大房岬
多田良海岸
富浦港
多田良

P.70 Lerisa Zakka & Dining Cafe
大房岬キャンプ場
富津館山道路

Hotel&Resorts MINAMIBOSO
房総の駅 とみうら
房州きよっぱち

那古船形駅
那古観音
那古小
大久保

多田良西浜海水浴場

P.109 道の駅とみうら 枇杷倶楽部
P.74 大福寺（崖観音）

P.102 南房総館山 鏡ヶ浦温泉 rokuza
那古海水浴場

BREEZE Family Camp
平野

P.66 いちじくスイーツショップ T.P.F
P.66 館山パイオニアファーム

館山湾

たてやま温泉 夕日海岸昇鶴

八幡海岸
鶴谷八幡宮
館山市役所

館山シーサイドホテル
北条海岸海水浴場

P.61 沖ノ島ダイビングサービスマリンスノー
P.61 たてやま・海辺の鑑定団
P.61 沖ノ島公園

幸田旅館
にい釜旅館
館山駅

渚の駅 たてやま
館山港
神明神社

折込（表）館山

P.60 パドルスポーツ・ルー
ホテルファミリーオ館山

積蔵院
鷹島
八幡神社

デュエットリゾート館山アカシア
洲の崎風の抄
洲埼灯台
洲埼

波左間海水浴場
西岬海水浴場
海南刀切神社

鳩山荘 松庵
海の湯宿 花しぶき

浅間神社
金剛寺
城山公園
天満神社

岬の宿 善平
養老寺

ウエストペニンシュラホテル
東伝寺
善栄寺

森羅

TRAYCLE Market & Coffee
P.70

館山運動公園
十二社神社
小網寺

川端
大山
圓光寺

grass-B P.71

平砂浦ビーチホテル
館山リゾートホテル
館山CC
東光寺
洲宮神社
房州CC

P.58 房総フラワーライン
常楽山萬徳寺
藤栄寺
藤原神社
熊野神社

P.113 房総フラワーラインの菜の花
安西農園
アロハガーデンたてやま

P.102 たてやま温泉 千里の風
オーパヴィラージュ

平砂浦
ザ・キャンプ

館山市

金蓮院
千蔵寺
智恩寺

P.61 SURFCO
相浜海水浴場
選壽院
中里八坂神社
小塚大師

相浜神社
相浜

布良局

安房神社 P.74

布良崎神社

P.107 白浜プライベート古民家 SHIOKAZE
下立松原神社
長尾橋場

ホテル南海荘

三嶋神社
御嶽神社
鷲王山千光寺

マリンキャンプ場
P.112 根本海水浴場
御神根島

P.74 野島埼灯台

南房総・館山周辺
0　　1km
N

金比羅山
みよしファミリーキャンプ場
南本農園
三芳村郷の里
BINGOバーガー P.75
三芳バーガー
安房三芳トンネル
千葉県
川名牧場
安房グリーンライン
房地域センター
盛栄堂 P.110
九重小
千倉オレンジセンター P.67
安田農園 P.67
九重駅
須藤牧場
野小
館山いちご狩りセンター P.67
千倉駅
千倉観光案内所 P.63
千倉総合運動公園
野球場
小松寺
安房グリーンライン
名ダム
CIMAたてやま体験センター
南房総市
高塚山
七浦局
白浜ダム
白浜オーシャンリゾート
南国ホテル
グランドホテル太陽
安房白浜トンネル
八幡神社
満願寺
名倉海水浴場
房総白浜ウミサトホテル
花の里フローラルビレッジ名倉 P.59
根岬海水浴場

山田ダム
丸山石堂局
北三原局
正文寺
和田浦駅
御霊神社
和田浦WA・O!
和田浦海水浴場
白渚海水浴場
沼蓮寺
八幡神社
建福寺
子安神社
下三原
フラワーライン入口
南三原駅
賀茂神社
加茂
安馬谷
しおさいキャンプフィールド&ホテル
道の駅ローズマリー公園 P.62
内房線
千歳駅
慶崇院
瀬戸
夢みさき
千倉
瀬戸浜海水浴場
旬菜味処 浜の郷 P.68
Pizza Indy's P.75
Cafe Hotel Isola Bella
南千倉海水浴場
北朝夷
八幡神社
千倉橋脇
Sound Swell Resort
高家神社 P.63
親音寺
金比羅神社
千倉館
魚拓荘鈴木屋
銀鱗荘ことぶき
能蔵院
千倉港
神明神社
荒磯魚見根神社
ポルトメゾン ルームス P.63
ちくらアートな海の散歩道 P.63
千倉花畑 P.58
道の駅ちくら・潮風王国 P.63
マリンブルー
白間津お花畑 P.58

太 平 洋

123

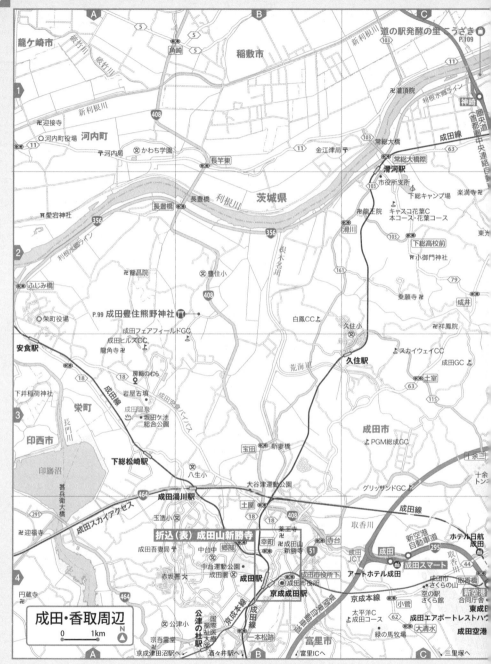

オーベルジュ ド マノワール 吉庭 P.86

オーベルジュ ド マノワール 吉庭

千葉県

神崎町

神崎大橋
神崎神社
神崎町役場
寺田本家 P.111

下総神崎駅

大戸駅
大戸駅入口
伊能忠敬銅像
P.113 佐原の大祭秋祭り
大戸神社
瑞穂小
光福寺

成田線

水郷大橋北
水郷大橋
水郷大橋南
駅入口
佐原駅
香取市役所

利根川
水の郷さわら
川の駅水の郷さわら
駅入口
津宮バイパス入口
津宮局

香取駅
香取神宮 P.98

舟戸稲荷神社
諏訪神社
常照寺
法界寺
常照寺
観福寺
香取神宮入口
佐原香取インター入口

香取市

佐原香取

ゆめ牧場
ファミリーオートキャンプ場
成田ゆめ牧場 P.98
長太郎CC
赤とんぼCC

P.98 成田ファームランド

佐原街道

西局 香取

竟成小

大根三差路
宝蔵院
わらびが丘小

桜田権現前

大栄

大栄署
市役所支店
伊能
東関東自動車道

大栄CC
ナスパ・スタジアム

大栄工業団地入口
富岡十字路
大栄PA
栄JCT

脇鷹神社
菅井牧場

113

上ノ台

栗山川

長栄寺

本興寺

大畑
岩部
大家古墳
岩部東

P.99 恋する豚研究所
FLAGSHIP STORE

くりもと
三社神社

長光寺
浄伝寺
荒北
市役所支店
オーク・ヒルズCC

おふろcafé
「かりんの湯」 P.91

農園リゾート
「THE FARM」 P.90

十余三
多良貝

シンボリ牧場

赤池

多古町

西田部三差路
薬師堂
グレンオークスCC

成田東CC

成田の森CC
観福寺

国際空港
第2ビル駅

久賀小
成就院
GC成田ハイツリー

千手院

松崎神社

P.105 TACO GLAMP

常磐局

芝山千代田駅へ

国道296号へ

INDEX さくいん

観光みどころ 寺社・神社 プレイスポット レストラン・食事処 カフェ・喫茶 居酒屋・BAR ショップ

ココミル cocomiru 千葉 房総

関東❼

楽しい旅へ
出かけよう♪

2023年6月15日初版印刷
2023年7月1日初版発行

編集人：金井美由紀
発行人：盛崎宏行
発行所：JTBパブリッシング
　　　　〒135-8165
　　　　東京都江東区豊洲5-6-36　豊洲プライムスクエア11階

編集・制作：情報メディア編集部
編集デスク：小川佳津
編集スタッフ：中野美幸
取材・編集：日下智幸／山田美恵／柳下環
赤澤良久／大門義明／友田未那子
アートディレクション：APRIL FOOL Inc.
表紙デザイン：APRIL FOOL Inc.
本文デザイン：APRIL FOOL Inc.
和泉真帆／snow（萩野谷秀幸）
イラスト：平澤まりこ
撮影・写真：鈴木伸／千葉県香取市
関係各市町村観光課・観光協会・施設／pixta
amanaimages
地図：ゼンリン／ジェイ・マップ
組版・印刷所：凸版印刷

編集内容や、商品の乱丁・落丁の
お問合せはこちら

JTB パブリッシング お問合せ

https://jtbpublishing.co.jp/
contact/service/

233242　280420
ISBN978-4-533-15498-0　C2026
©JTB Publishing 2023
無断転載禁止　Printed in Japan
2307